# 완전한 복음

하나님이 만드신

# 완전한 복음

2018년 3월 15일   제1판 1쇄 발행
지 은 이   김 만 홍
펴 낸 이   김 만 홍
펴 낸 곳   도서출판 예지

인천광역시 계양구 계양문화로 168, 319-304호
전 화   010-2393-9191
등 록   2005. 5. 12. 제387-2005-00010호
ⓒ 김 만 홍 2018

정가 11,000원
ISBN 987-89-93387-34-6 03230

공급처 : 하늘유통 031) 947-7777

# 완전한 복음

김만홍

예지

| CONTENTS |

# 목 차

# 하나님이 만드신 완전한 복음

인간이 타락하여 멸망의 구렁텅이에 빠지고 말았을 때 우리 하나님께서 죄에 빠진 인간을 구원하기 위해 구원의 길을 마련하셨다.

그것이 바로 하나님이 만드신 완전한 복음이다.

그럼에도 불구하고 하나님이 만드신 완전한 복음을 모르는 인간들은 자신들을 구원하려고 나름대로 어떤 방법들을 고안했는데 그것이 바로 인간이 만든 종교들이다.

하지만 인간은 죄인이라는 한계를 지니고 있기 때문에 인간이 만든 방법으로는 절대로 인간을 구원할 수 없다.

하지만 완전한 복음은 모든 부분에 완벽하신 우리 하나님께서 만드신 복음이기 때문에 인간을 완벽하게 구원하는 능력이 있다.

따라서 하나님이 만드신 완전한 복음은 인간의 모든 문제를 다 해결할 수 있다.

한계를 지닌 인간이 만든 복음이 아니라 완벽한 우리 하나님께서 만드신 복음이기 때문에 아무것도 부족하지 않는 완벽한 복음이다.

단 한 번의 실수도 없으시고, 단 한 번의 실패도 없으신 완벽한 하나님께서 만드신 복음인데 얼마나 완벽하겠는가?

우리 하나님께서 만드신 완전한 복음에 무엇인가를 첨가할 필요가 없다. 그러므로 우리 하나님께서 만드신 완전한 복음은 완벽하기 때문에 복음이면 충분하다. 무엇을 첨가할 이유가 전혀 없다.

그런데도 우리 인간들은 하나님이 만드신 완전한 복음을 거부하고 하나님이 만드신 복음이 무엇인가 부족하다고 생각하여 무엇인가를 첨부시키고 있는데 그것이 율법주의이요, 인간의 선행이요, 인간이 만든 어떤 의식이나 철학이며, 여러 가지 교육이나 다른 종교들이다.

그 결과 하나님이 만드신 완전한 복음은 훼손되어 변질되고, 구멍이 나고, 왜곡되어 싸구려 복음이 되어 버렸다.

그래서 리처드 스턴스는 "구멍 난 복음"이라는 책을 저술했다.

침례신학대학교 박영철 교수도 "구멍 난 복음을 기워라"는 책을 저술했다. 그러므로 완전한 복음은 훼손이 되고, 구멍이 나고, 일그러지고, 왜곡되고, 변질되어 싸구려 복음이 되어 버렸다.

여기서 싸구려 복음이란 복음을 들은 사람이 복음에 대한 갈급함이 없이 복음을 듣고 그냥 믿어주는 것이다.

그러므로 우리는 하나님이 만드신 완전한 복음을 회복해야 한다.

하나님이 만드신 완전한 복음만이 우리 인간을 온전히 구원할 수 있기 때문이다. 우리가 하나님이 만드신 완전한 복음을 체험하려면 구원에 대한 갈급함이 있어야 한다.

구원에 대한 갈급함이 있으려면 인간이 저지른 근본적인 죄의 실체와 인간이 처해 있는 절망적인 상황과 인간이 위기에 처해 있다는 사실을 절실하게 깨달아야 한다.

우리 인간이 죄와 마귀 사탄에게 노예로 잡혀 있다는 사실을 가슴이 저리도록 깊이 깨달아야 한다.

인간은 어떤 상황에 처할 때 위기의식을 느끼게 될까?

우리가 처한 위기들은 어떤 것들이 있을까?

사람이 깊은 수렁에 빠진 상황이나, 계속 들어가는 늪에 빠진 상황이나, 흉악한 범죄자의 인질로 잡혀 있거나, 전쟁 중 적군의 포로로 잡혀 깊은 감옥에 갇혀 있거나, 사막의 한 가운데서 물을 찾지 못해서 심한 갈증 가운데 있거나, 벼랑이나 낭떠러지에 매달려 있거나, 수영을 하지 못하는 사람이 깊은 물에 빠져 있거나, 홍수나 지진이 일어나 건물이 무너져 건물 속에 갇혀 있거나, 타이타닉이나 세월호 같은 배가 침몰하려 배 안에 갇혀 있거나, 사업을 하다가 엄청난 빚을 지고 망했거나, 불법 사채업자에게 사채를 쓰고 갚지 못해서 협박을 받고 있거나, 말기 암에 걸려 수술을 하지 못하고 죽는 날만 기다리고 있다면 그러한 상황이 바로 인간이 처한 위기 상황이다.

하지만 우리 인간에게 가장 심각한 위기는 자신의 죄의 문제를 해결하지 못하여 죄의 대가로 지옥에 들어갈 운명에 처한 것이다.

그러므로 예수님께서는 마가복음 9장 43-49절에서 우리 인간들에게 어떠한 대가를 치르더라도 지옥만은 절대로 가지 말라고 호소하신다.

"만일 네 손이 너를 범죄하게 하거든 찍어버리라 장애인으로 영생에 들어가는 것이 두 손을 가지고 지옥 곧 꺼지지 않는 불에 들어가는 것보다 나으니라 만일 네 발이 너를 범죄하게 하거든 찍어버리라 다리 저는 자로 영생에 들어가는 것이 두 발을 가지고 지옥에 던져지는 것보다 나으니라 만일 네 눈이 너를 범죄하게 하거든 빼버리라 한 눈으로 하나님의 나라에 들어가는 것이 두 눈을 가지고 지옥에 던져지는 것보다 나으니라 거기에서는 구더기도 죽지 않고 불도 꺼지지 아니하느니라 사람마다 불로써 소금 치듯 함을 받으리라"

불완전한 복음도 마치 완전한 복음인 것처럼 사람들을 미혹한다.

예수 믿으면 천국에 간다는 말은 복음이면서도 복음이 아니다.

복음이면서도 복음이 아니라는 말은 복음의 일부분만 가지고 그것이 마치 복음의 전부인 것처럼 사람들을 속이기 때문이다.

예수 믿으면 확실히 천국에 가지만 천국 가는 것만이 복음의 전부가 아니기 때문에 완전한 복음이 무엇인지를 깨달아야 한다.

완전한 복음은 완전한 변화가 뒷받침 되어야 한다.

우리가 복음을 통해 구원 받기 전과 구원 받은 후의 변화가 고작 '천국 가고 안 가고만' 결정하는 것이라면 무엇인가 크게 잘못되어 있다.

구원 받기 전에 살던 방법 그대로 살면서 천국 가게 된 것만 붙잡고 사는 것은 완전한 복음이 아니다.

그러므로 우리 삶이 구석구석까지 모두 바뀌는 것이 완전한 복음이다. 여기서 구석구석이라는 표현을 사용하는 것은 우리의 보이지 않는 부분까지도 바뀌어야 하기 때문이다.

그런데 우리 눈에 보이지 않는 것뿐이지 하나님께서는 다 보고 계시니까 사실은 보이지 않는 것도 아니다. 일차로 하나님께 드러나고 결국 사람들에게도 들어날 수밖에 없는 생각과 마음까지도 완전히 바뀌는 것이 완전한 복음이다. 그리고 우리의 삶의 방법과 목표까지도 바뀌는 것이 완전한 복음이다.

그래서 폴 워셔는 완전한 복음을 통한 완전한 변화를 복음의 파장으로 설명한다.

"호수 중앙에 던진 작은 돌멩이처럼, 복음의 파장은 그리스도인의 삶 가장 바깥쪽까지 구석구석 퍼진다. 참된 회심자는 복음을 이전 삶에 추가되는 부가물로 생각하지 않는다. 그는 복음으로 옛 삶을 대체한다. 복음을 받아들이는 순간, 옛 삶은 버려진다. 이것이 예수님의 가르침이다. 물론 구원은 복음을 통해 순간적으로 일어나는 사건이지만 완전한 복음을 체험한 이후의 성결한 삶은 생명이 끝나는 순간까지 계속 노력하고 추구하는 것이다. 완전한 복음을 알고, 완전한 복음을 깨닫고, 완전한 복음으로 삶을 살아가는 완전한 복음의 삶이 진정으로 축복된 삶이다."

그러므로 구원이나 복음은 싸구려가 아니다.

그냥 저절로 얻어지는 것도 아니다. 누군가가 희생하지 않았다면 구원이나 복음은 그냥 이루어지지 않는다.

우리 하나님께서는 인간에게 구원을 그냥 주시는 분이 아니다.

우리 인간이 바른 태도를 취하지 않으면 복음을 듣고 회개하지 않으면 절대로 구원을 받을 수 없다.

그러므로 잠언 1장 24-33에서 말씀하시는 하나님의 경고를 들어 보라. "내가 불렀으나 너희가 듣기 싫어하였고 내가 손을 폈으나 돌아보는 자가 없었고 도리어 나의 모든 교훈을 멸시하며 나의 책망을 받지 아니하였은즉 너희가 재앙을 만날 때에 내가 웃을 것이며 너희에게 두려움이 임할 때에 내가 비웃으리라 너희의 두려움이 광풍 같이 임하겠고 너희의 재앙이 폭풍 같이 이르겠고 너희에게 근심과 슬픔이 임하리니 그때에 너희가 나를 부르리라 그래도 내가 대답하지 아니하겠고 부지런히 나를 찾으리라 그래도 나를 만나지 못하리니 대저 너희가 지식을 미워하며 여호와 경외하기를 즐거워하지 아니하며 나의 교훈을 받지 아니하고 나의 모든 책망을 업신여겼음이니라 그러므로 자기 행위의 열매를 먹으며 자기 꾀에 배부르리라 어리석은 자의 퇴보는 자기를 죽이며 미련한 자의 안일은 자기를 멸망시키려니와 오직 내 말을 듣는 자는 평안히 살며 재앙의 두려움이 없이 안전하리라"

그러므로 하나님의 말씀을 듣기 싫어하시는 사람, 하나님의 교훈을 멸시하는 사람, 하나님의 진리를 미워하는 사람, 하나님을 경외할 마음이 없는 사람은 하나님을 만날 수 없고, 완전한 복음을 체험할 수 없다.

그런 사람이 하나님을 부지런히 찾아도 만나주지 않는다.

우리 예수님께서도 마태복음 7장 6절에서 거룩한 것을 개에게 주지 말고, 진주를 돼지에게 주지 말라고 했다.

"거룩한 것을 개에게 주지 말며 너희 진주를 돼지 앞에 던지지 말라 그들이 그것을 발로 밟고 돌이켜 너희를 찢어 상하게 할까 염려하라"

다시 말해서 완전한 복음의 가치를 모르는 사람은 결코 참된 복음을 만날 수 없다.

또한 우리 예수님께서는 마태복음 11장 12절에서 천국은 침노하는 자의 것이라고 했다.

"침례 요한의 때부터 지금까지 천국은 침노를 당하나니 침노하는 자는 빼앗느니라"

이 말의 의미가 무엇인가?

천국은 그냥 얻어지는 것이 아니다.

천국을 사모하고 목숨을 다하여 믿기 원하는 사람이 천국을 들어갈 수 있다.

그러므로 천국에 관심이 없는 사람은 죽었다 깨어나도 천국에 들어갈 수 없다.

그러므로 우리는 참된 만남의 법칙을 알아야 한다.

참된 만남의 법칙이란 무엇인가?

참된 만남의 법칙은 사랑이 사랑을 만나고, 진심이 진심을 만나고, 갈급함이 하나님을 만날 수 있는 법칙이다.

우리 하나님께서는 하나님을 간절히 찾는 사람을 만나주신다.

간절함이 없이 복음에 대해 무관심한 사람이 나중에 심판을 깨닫고 하나님께 나오면 우리 하나님께서 비웃으시고 그 사람을 심판하신다.

그러므로 시편 2편 4절은 이렇게 경고한다.

"하늘에 계신 이가 웃으심이여 주께서 그들을 비웃으시리로다"

그러므로 우리는 하나님이 만드신 십자가의 완전한 복음을 체험하고 완전한 복음으로 구원을 받아야 한다.

# CHAPTER 1

# 근본적인 죄

우리가 하나님이 만드신 십자가의 완전한 복음을 제대로 알고, 믿으며, 복음으로 살아가려면 근본적인 죄의 실체를 정확하게 알아야 한다.

근본적인 죄를 정확하게 모르면 십자가의 완전한 복음은 이루어지지 않기 때문이다.

예수 그리스도께서는 죄인을 구원하기 위해서 이 세상에 오셨다.

그분은 의인을 부르러 오신 것이 아니라 죄인을 불러 회개시키러 오셨다. 또한 그분은 자기 백성을 그들의 죄에서 구원하기 위해서 오셨다.

그러므로 우리 예수님께서는 인간의 죄의 문제를 해결하기 위해서 죽으셨다.

하나님의 말씀 성경은 이러한 진리를 분명하게 선포한다.

"미쁘다 모든 사람이 받을 만한 이 말이여 그리스도 예수께서 죄인을 구원하시려고 세상에 임하셨다 하였도다 죄인 중에 내가 괴수니라, 내가 의인을 부르러 온 것이 아니요 죄인을 불러 회개시키러 왔노라, 아들을 낳으리니 이름을 예수라 하라 이는 그가 자기 백성을 그들의 죄에서 구원할 자이심이라, 그리스도께서도 단번에 죄를 위하여 죽으사 의인으로서 불의한 자를 대신하셨으니 이는 우리를 하나님 앞으로 인도하려 하심이라"(딤전 1:15, 눅 5:32, 마 1:21, 벧전 3:18)

  따라서 인간은 근본적인 죄를 성경적으로 이해하지 못하면 십자가의 완전한 복음을 제대로 이해할 수 없으며, 근본적인 죄를 모르면 그 어느 누구라도 구원을 받을 수 없다.

  따라서 우리는 무엇보다도 근본적인 죄를 명확하게 이해해야 한다.

  어느 누구라도 십자가의 완전한 복음으로 구원을 받으려면 근본적인 죄의 실체를 명확하게 깨달아야 한다.

  우리가 근본적인 죄를 어떻게 이해하느냐에 따라 예수님과 복음을 대하는 태도가 달라진다.

  어느 누구라도 성경이 말하는 근본적인 죄에 대해서 바르게 알아야 십자가의 완전한 복음의 가치를 제대로 알고, 평생 동안 예수님을 주님으로 섬기며 살아갈 수 있다.

  복음을 삶으로 살아내지 못하는 괴리가 생겨나지 않는다.

  십자가의 완전한 복음이 이루어지지 않은 증거는 삶이 변화되지 않아 신앙 따로 생활 따로 살아가는 것이다.

  그렇다면 성경이 말하는 근본적인 죄란 무엇일까?

# 하나님께 죄를 범한 인간

우리는 성경이 말하는 하나님을 바로 알아야 인간의 죄에 대해서도 바로 알게 된다. 왜냐하면 인간이 먼저 하나님께 죄를 범했기 때문이다.

흔히 성경에서 죄를 두 가지로 분류하는데 그것은 원죄와 자범죄로 원죄는 인간이 하나님께 범한 죄이고, 자범죄는 인간이 인간에게 범한 죄이다.

인간은 자연과 이 사회와 다른 사람들에 대해서 죄를 범한 것이 아니라 하나님께 직접적으로 죄를 범했다.

결국 인간이 범하는 모든 죄는 궁극적으로 하나님께 죄를 범하는 것이기 때문에 다윗은 인간에 대해서 간음과 살인죄를 범한 이후에 그 죄가 하나님께 범한 죄임을 고백한다.

"내가 주께만 범죄하여 주의 목전에 악을 행하였사오니"(시 51:4)

그러므로 하나님을 바로 알아야 죄를 바로 알 수 있으며, 하나님을 모르면 죄가 무엇인지 모르기 때문에 예레미야 선지자도 하나님이 가장 기뻐하는 것은 인간이 하나님을 바로 아는 것이라고 말한다.

"여호와께서 이와 같이 말씀하시되 지혜로운 자는 그의 지혜를 자랑하지 말라 용사는 그의 용맹을 자랑하지 말라 부자는 그의 부함을 자랑하지 말라 자랑하는 자는 이것으로 자랑할지니 곧 명철하여 나를 아는 것과 나 여호와는 사랑과 정의와 공의를 땅에 행하는 자인 줄 깨닫는 것이라 나는 이 일을 기뻐하노라 여호와의 말씀이니라"(렘 9:23-24)

그렇다면 하나님은 어떤 분이신가?

하나님은 거룩하신 분이시다.

여기서 거룩하다는 뜻은 "분리되었다, 구별되었다, 하나님께로 따로 떼어 놓았다"는 뜻이다.

그러므로 일반적인 용도로는 사용할 수 없는 것이다.

그러므로 하나님의 거룩하심은 이 세상의 그 어떤 것과도 비교될 수 없고, 온전히 구별되어 있다.

인간이 타락한 이후에 모든 것이 불완전하지만 오직 하나님만이 홀로 완벽하시고 뛰어나시고 구별되는 분으로 하나님은 우리와는 완전히 다른 분이시다. 그러므로 거룩하신 하나님 앞에 인간이 과연 어떤 존재인가를 알아야 한다.


뿐만 아니라 하나님은 온전히 의로우신 분이시다.

하나님은 죄를 전혀 용납할 수 없는 완벽한 의를 가지셨기 때문에 의로우신 하나님 앞에 인간은 죄인으로 들어날 수밖에 없다.

하지만 오늘날의 시대풍조는 죄를 너무나 가볍게 여겨 심지어 죄를 죄로 여기지도 않는다.

바울은 사람들이 죄에 대해서 잘못 이해하고 있다고 지적한다.

"그들이 이 같은 일을 행하는 자는 사형에 해당한다고 하나님께서 정하심을 알고도 자기들만 행할 뿐 아니라 또한 그런 일을 행하는 자들을 옳다 하느니라"(롬 1:32)

이 말씀에서 '이 같은 일은' 하나님께서 사형에 해당될 아주 악한 죄들이라고 말씀하시지만 오늘날 사람들은 그러한 악한 죄를 범한 사람들을 옳다고 말하며, 잘못이 없다고 말한다.

그래서 성경은 그러한 사람들에게 화가 있다고 선언한다.

"악을 선하다 하며 선을 악하다 하며 흑암으로 광명을 삼으며 광명으로 흑암을 삼으며 쓴 것으로 단 것을 삼으며 단 것으로 쓴 것을 삼는 자들은 화 있을진저"(사 5:20)

그렇다면 왜 이러한 현상이 일어나는가?


## 거룩하시고 의로우신 하나님

인간이 죄의 심각성을 깨닫지 못하는 것은 인간과 거룩하신 하나님을 비교하지 않고 인간과 인간을 비교하기 때문이다.

특히 인간은 자기보다 더 의로운 사람과 비교하는 것이 아니라 자기보다 더 악한 사람과 비교하고는 자신은 큰 죄인이 아니라고 생각한다.

이 세상에는 자기보다 더 큰 죄를 범한 사람들이 많이 있기 때문이다.

이 세상에 어떤 죄인들이 있는가?

이 세상에는 아주 끔찍한 범죄를 저지른 사람들이 너무나 많이 있다.

세계 최악의 지도자로 알려진 우간다의 이디 아민 대통령은 자신을 반대하는 정치지도자를 포함해 3천명을 죽였고, 1만 명 이상을 죽였다. 그는 취임 5년 후에는 우간다의 종신 대통령으로 선포하고, 매일 사람들을 죽여서 악어의 밥으로 강물에 던졌다.

캄보디아의 폴 폿츠 정권은 캄보디아의 모든 지식인들을 죽였는데 캄보디아 전역에서 100만 이상을 아주 잔인하게 죽였다.

독일의 히틀러는 유태인 600만 명을 죽였다.

싸이코 패스로 알려진 찰스 맨슨은 나중에 자신을 따르는 맨슨 패밀리를 만들어 그들로 하여금 수많은 사람들을 잔인하게 죽이게 만들었다. 그런가하면 부모를 죽이고 다른 사람들을 잔인하게 죽이는 사람들이 아주 많다. 배우자와 직계존속을 살해하는 존속살인이 늘고 있다.

존속살인은 가족을 죽이는 범죄이지만 더더욱 자신을 낳아주고 길러준 부모를 죽이는 패륜범죄는 그 충격이 너무나 크다.

심지어 어린아이를 유괴해서 죽이고 부모에게는 죽이지 않았다고 거짓말하며 그 후에 아이의 부모에게 받은 돈으로 결혼식까지 한 사람도 있었다. 자기 조카를 유괴해서 죽인 사람도 있었으며, 지금도 형무소에는 많은 죄인들이 갇혀있다.

그런가하면 오늘날에도 죄를 범하는 사람들이 계속 늘어나 뉴스 시간에 보도되어 얼굴을 들지 못하는 사람들이 너무나 많다.

그래서 사람들은 자신을 그러한 범죄자들과 비교하고는 자신은 죄인이 아니라고 생각한다.

그래서 지혜의 왕 솔로몬은 이 점을 분명하게 지적한다.

"사람의 행위가 자기 보기에는 모두 정직하여도 여호와는 마음을 감찰하시느니라"(잠 21:2)

사람의 행위가 자기가 볼 때는 모두 정직하게 보인다.

사람들이 악한 죄인들을 바라보고 자신을 바라보면서 자신은 죄인이 아니라고 하지만 우리 인간은 거룩하시고 의로우신 하나님 앞에 죄인이다. 하나님이 어떤 분이신가? 그분은 점도 없고 티도 없고 정결하고 거룩하고 깨끗하시고 의로우신 분이시다.

예를 들어 방안에 먼지가 아주 많아도 평소에는 보이지 않지만 밝은 빛이 비춰지면 먼지가 드러나듯이 인간이 거룩하신 하나님 앞에 서면 무수한 죄들이 드러난다.

보이지 않던 암 덩어리가 엑스레이 빛 앞에 드러나듯이 성경으로 인간의 마음속을 깊이 진단하면 죄가 드러난다.

사람은 외모를 보지만 하나님은 우리의 중심과 동기까지 보시기 때문이다. 하나님은 정확하게 우리의 중심을 보신다.

"여호와께서 사무엘에게 이르시되 그의 용모와 키를 보지 말라 내가 이미 그를 버렸노라 내가 보는 것은 사람과 같지 아니하니 사람은 외모를 보거니와 나 여호와는 중심을 보느니라 하시더라"(삼상 16:7)

우리 하나님께도 사람들을 보시는 관점이 있다.

"하나님은 거룩한 자들을 믿지 아니하시나니 하늘이라도 그가 보시기에 부정하거든"(욥 15:15)

이 말씀에서 '그의 보시기에'라는 말씀이 바로 하나님의 관점이다.

그러므로 그분은 정확하게 우리 인간의 중심을 보신다.

우리 속담에 "열길 물속은 알아도 한 길 사람 속은 모른다."는 말이 있지만 우리 하나님께는 통하지 않는다.

우리 하나님은 인간의 심장까지 살피시는 분이시다.

"나 여호와는 심장을 살피며 폐부를 시험하고 각각 그의 행위와 그의 행실대로 보응하나니"(렘 17:10).

하나님의 보시는 눈은 정확하다.

인간이 다른 사람을 속일 수 있어도 하나님을 속일 수 없는 이유는 하나님은 인간의 심령을 꿰뚫어 보는 불꽃같은 눈을 가지고 계시기 때문이다. 사도 요한은 예수님의 눈을 표현하되 "그의 눈은 불꽃같고"(계 1:14)라고 표현했다.

인간은 다른 사람을 잘못 볼 수도 있지만 하나님은 우리 인간을 정확하게 보신다.

하나님은 우리의 모든 삶의 모든 부분을 구석구석까지 다 보시고 아시기 때문에 우리의 모든 것을 다 아신다.

그래서 다윗은 시편 139편에서 하나님께서 우리의 어떤 부분을 아시는지 자세히 소개한다.

하나님은 우리의 인생길과 우리가 어디에 눕는 것과 우리가 어디에 앉아 있는 것과 우리가 어디에서 일어서는 것과 우리의 모든 생각과 우리의 모든 행위와 우리의 혀의 모든 말까지도 다 아신다.

따라서 인간이 하나님에게서 피할 수도 없고, 숨을 수도 없는 이유는 하늘로 피하여도 거기 계시며, 우주선을 타고 달나라에 피하여도 그곳에도 계시며, 화성이나 금성에 피하여도 그곳에도 계시며, 아무리 먼 바다 끝에 피하더라도 하나님은 그곳에도 계시며, 캄캄한 암흑 속에 숨어도 하나님이 그곳에도 계시기 때문에 우리 인간이 하나님에게서 피할 곳은 아무데도 없다. 그분은 어머니 모태에서 인간의 형질이 이루어지기 전에 우리를 이미 다 보시고 아시는 분이시다.

"내가 은밀한 데서 지음을 받고 땅의 깊은 곳에서 기이하게 지음을 받은 때에 나의 형체가 주의 앞에 숨겨지지 못하였나이다 내 형질이 이루어지기 전에 주의 눈이 보셨으며 나를 위하여 정한 날이 하루도 되기 전에 주의 책에 다 기록이 되었나이다"(시 139:15-16)

그래서 예레미야는 인간이 하나님에게서 숨을 곳은 이 세상에 없다고 선언했다.

"여호와의 말씀이니라 나는 가까운 데에 있는 하나님이요 먼 데에 있는 하나님은 아니냐 여호와의 말씀이니라 사람이 내게 보이지 아니하려고 누가 자신을 은밀한 곳에 숨길 수 있겠느냐 여호와가 말하노라 나는 천지에 충만하지 아니하냐"(렘 23:23-24)

그렇다면 하나님은 성경에서 인간을 어떻게 평가하실까?

하나님은 우리의 모든 것을 다 보시고 아시며, 우리의 일생을 처음부터, 모태에서 형질로 이루어지기 전부터 아시고, 지금 현재 모든 것을 다 아시며, 미래의 모든 것을 다 보시고 아시는 하나님은 인간을 어떻게 평가하시겠는가?

하나님은 불꽃같은 눈으로 인간의 마음을 훤히 다 들여다보시는 분이시다. 천지에 충만하신 하나님, 인간을 감찰하시고 아시는 하나님이 인간을 어떻게 평가하시겠는가?

하나님의 말씀 성경은 인간을 이렇게 평가하고 있다.

"보라 그의 눈에는 달이라도 빛을 발하지 못하고 별도 빛나지 못하거든, 하나님은 거룩한 자들을 믿지 아니하시나니 하늘이라도 그가 보시기에 부정하거든 하물며 악을 저지르기를 물 마심 같이 하는 가증하고 부패한 사람을 용납하시겠느냐, 하물며 구더기 같은 사람 벌레 같은 인생이랴"(욥 25:5, 15:15-16, 25:6)

성경은 인간을 더러운 벌레로 비유하고 구더기에 비유한다.

이것이 인간을 향한 하나님의 결론이다.

성경은 인간이 죄인이요, 죄 덩어리요, 죄의 실체라고 말한다.

성경은 이미 모든 인간이 죄인이라고 선언했다.

"모든 사람이 죄를 범하였으매 하나님의 영광에 이르지 못하더니"(롬 3:23)

성경은 모든 인간이 다 죄를 범하였다고 선포한다.

여기에는 단 한사람도 예외가 없으니 이 보다 더 명확한 선언이 어디 있겠는가? 그래서 바울은 로마서 3장 10절에서 "의인은 없나니 하나도 없다"고 말한다.

따라서 인간은 전적으로 타락했고 전적으로 부패했다. 인간이 부패했다는 것은 그 본래 상태에서 완전히 변질되고 망가졌다는 뜻이다. 처음에는 완전했지만 인간이 타락한 후에 인간으로서의 올바른 기능을 수행할 수가 없다.

결국 하나님은 성경에서 우리 인간은 죄인이라고 진단하셨다.

우리를 만드시고 우리를 심판하실 분이 그렇게 진단했다.

우리가 느끼는 병에 대한 자각 증상보다 의사의 진단이 정확한 것처럼 인간에 대한 진단은 하나님의 진단이 정확한 것이다.

인간이 자신은 죄인이 아니라고 아무리 큰소리를 치더라도 성경은 모든 사람이 죄인이라고 선언한다.

그러므로 인간은 하나님의 진단을 받아 드려야 한다.

"그런즉 하나님 앞에서 사람이 어찌 의롭다 하며 여자에게서 난 자가 어찌 깨끗하다 하랴, 사람이 어찌 깨끗하겠느냐 여인에게서 난자가 어찌 의롭겠느냐, 모든 사람이 죄를 범하였으매 하나님의 영광에 이르지 못하더니, 의인은 없나니 하나도 없도다"(욥 25:4, 15:14, 롬 3:10, 23)

결국 인간은 거룩하신 하나님 앞에서 죄인이다.

하나님은 이방인이나 유대인이나 다 죄 아래 있다고 이미 선언했다.

우리 인간은 다 치우쳐 한 가지로 무익하게 되었다(롬 3:9, 12).


## 분노하시고 보복하시는 하나님

결국 인간은 하나님을 모르고 성경을 모르니 자신이 죄인이라는 사실을 깨닫지 못한다.

따라서 하나님을 잘못 이해하면 죄도 잘못 이해한다.

하나님을 바로 알아야 죄의 사악한 본질을 바로 이해하게 된다.

하나님은 어떤 분이신가?

하나님이 사랑의 하나님이시라는 것을 모르는 사람이 없고 그것을 부인할 사람은 아무도 없다.

하지만 우리는 하나님에 대해서도 균형을 이루어야 한다.

하나님에 대해서 사랑과 공의는 항상 함께 가야 한다.

따라서 성경은 사랑의 하나님을 소개할 뿐만 아니라 죄인을 향해서 매일 분노하시는 하나님을 소개한다.

"하나님은 의로우신 재판장이심이여 매일 분노하시는 하나님이시로다"(시 7:11)

하나님이 인간을 향하여 매일 분노하시지만 하나님과 연관된 모든 분노는 항상 의롭다. 하나님은 아무런 잘못이 없는 인간에게는 절대로 분노하시지 않으신다. 하지만 죄를 범한 죄인에게는 철저하게 분노하시는 의로운 하나님이시다.

그렇다면 의로우신 하나님이 죄를 범한 인간에게 왜 분노하시고 어떻게 분노하시는가?

하나님의 분노는 하나님의 질투와 하나님의 진노와 하나님의 격분과 하나님의 증오와 하나님의 대적과 하나님의 보복으로 나타난다.

하나님께서 친히 죄인의 대적이 되서서 죄인에게 보복하신다.

"여호와는 질투하시며 보복하시는 하나님이시니라 여호와는 보복하시며 진노하시되 자기를 거스르는 자에게 여호와는 보복하시며 자기를 대적하는 자에게 진노를 품으시며"(나 1:2)

하나님께서 죄인에게 진노하시고 보복하실 때 얼마나 무섭겠는가? 인간들이 죄를 범하는 이유는 하나님이 진노하시고 보복하실 때 얼마나 무서운 분인가를 모르기 때문에 죄를 범하고 회개하지 않는다.

하나님을 그저 사랑의 하나님으로만 이해하고 함부로 대한다.

그러므로 하나님이 화를 내실 때 그분의 진노가 얼마나 크며, 얼마나 무섭고, 얼마나 두려운지를 알아야 한다.

"누가 주의 노여움의 능력을 알며 누가 주의 진노의 두려움을 알리이까"(시 90:11)

그러므로 하나님의 사랑을 거절하고 믿지 않는 죄인에게는 철저하게 심판하시고 맹렬한 불로 지옥에서 태우신다.

"오직 무서운 마음으로 심판을 기다리는 것과 대적하는 자를 태울 맹렬한 불만 있으리라 모세의 법을 폐한 자도 두세 증인으로 말미암아 불쌍히 여김을 받지 못하고 죽었거든 하물며 하나님의 아들을 짓밟고 자기를 거룩하게 한 언약의 피를 부정한 것으로 여기고 은혜의 성령을 욕되게 하는 자가 당연히 받을 형벌은 얼마나 더 무겁겠느냐 너희는 생각하라 원수 갚는 것이 내게 있으니 내가 갚으리라 하시고 또 다시 주께서 그의 백성을 심판하리라 말씀하신 것을 우리가 아노니 살아 계신 하나님의 손에 빠져 들어가는 것이 무서울진저"(히 10:27-31)

그러므로 우리는 하나님의 심판의 손에 빠져 들어가는 것이 얼마나 무서운가를 알아야 한다.

물론 하나님은 자비롭고 은혜롭고 노하기를 더디 하시고 인자와 진실과 사랑이 많은 하나님이시다. 그래서 사람들은 하나님께서 분노하시고 진노하시고 보복하신다는 것을 이해하지 못한다.

하나님은 죄는 미워하시지만 죄인을 사랑하시는 분으로 생각한다.

그러나 이것은 하나님의 한 부분만 보는 것이다.

성경은 절대로 죄인을 무조건 용서하시는 하나님으로 소개하지 않는다. 그러므로 하나님의 사랑을 거절한 인간, 죄를 너무나 가볍게 여기는 인간, 다시 말해서 죄의 형벌을 받을 인간은 결단코 죄를 사해 주지 않으시고 보응하신다(출 34:6-7).

그러므로 우리는 하나님은 죄가 아니라 죄를 저지른 사람을 지옥에 벌하신다는 사실을 알아야 한다.

성경에서 죄를 범한 죄인을 향해서 분노하시고 보복하시는 하나님을 어떻게 소개하는지 살펴보라.

"산들과 바위에게 말하되 우리 위에 떨어져 보좌에 앉으신 이의 얼굴에서와 그 어린 양의 진노에서 우리를 가리라"(계 6:16)

"누구든지 헛된 말로 너희를 속이지 못하게 하라 이로 말미암아 하나님의 진노가 불순종의 아들들에게 임하나니"(엡 5:6)

"하나님의 진노가 불의로 진리를 막는 사람들의 모든 경건하지 않음과 불의에 대하여 하늘로부터 나타나나니"(롬 1:18)

"보라 여호와의 이름이 원방에서부터 오되 그의 진노가 불 붙듯 하며 빽빽한 연기가 일어나듯 하며 그의 입술에는 분노가 찼으며 그의 혀는 맹렬한 불 같으며"(사 30:27)

"보라 여호와의 노여움이 일어나 폭풍과 회오리바람처럼 악인의 머리 위에서 회오리칠 것이라"(렘 30:23)

"주께서 주의 큰 위엄으로 주를 거스르는 자를 엎으시니이다 주께서 진노를 발하시니 그 진노가 그들을 지푸라기 같이 사르니이다"(출 15:7)

"내가 진노로 너희에게 대항하되 너희의 죄로 말미암아 칠 배나 더 징벌하리니"(레 26:28)

"여호와께서 들으시기에 백성이 악한 말로 원망하매 여호와께서 들으시고 진노하사 여호와의 불을 그들 중에 붙여서 진영 끝을 사르게 하시매"(민 11:1)

"고기가 아직 이 사이에 있어 씹히기 전에 여호와께서 백성에게 대하여 진노하사 심히 큰 재앙으로 치셨으므로"(민 11:33)

"여호와께서 이스라엘에게 진노하사 그들에게 사십 년 동안 광야에 방황하게 하셨으므로 여호와의 목전에 악을 행한 그 세대가 마침내는 다 끊어졌느니라"(민 32:13)

"너희 중에 계신 너희의 하나님 여호와는 질투하시는 하나님이신즉 너희의 하나님 여호와께서 네게 진노하사 너를 지면에서 멸절시키실까 두려워하노라"(신 6:15)

"여호와께서 너희에게 진노하사 하늘을 닫아 비를 내리지 아니하여 땅이 소산을 내지 않게 하시므로 너희가 여호와께서 주신 아름다운 땅에서 속히 멸망할까 하노라"(신 11:17)

"여호와는 이런 자를 사하지 않으실 뿐 아니라 그 위에 여호와의 분노와 질투의 불을 부으시며 또 이 책에 기록된 모든 저주를 그에게 더하실 것이라 여호와께서 그의 이름을 천하에서 지워버리시되"(신 29:20)

이 말씀들은 하나님의 진노가 불순종의 아들들에게 임하며, 하나님의 진노가 불의로 진리를 막는 사람들에게 나타나며, 하나님께서 주의 큰 위엄으로 주를 거스르는 자를 엎으시며, 하나님께서 진노로 사람들을 대항하시며, 여호와께서 이스라엘 백성들에게 진노하사 심히 큰 재앙으로 치셨으며, 여호와께서 이스라엘 백성들에게 진노하사 하늘을 닫아 비를 내리지 아니하여 땅이 소산을 내지 않게 하시므로 이스라엘 백성들이 여호와께서 주신 아름다운 땅에서 속히 망할 것이라고 경고하시며, 여호와는 죄인들을 사하지 않으실 뿐 아니라 그 위에 여호와의 분노와 질투의 불을 부으시며, 또 이 책에 기록된 모든 저주를 그들에게 더하시며, 여호와께서 그들의 이름을 천하에서 지워버리시겠다고 경고하신다.

그렇다면 우리는 어느 편에 서야 하겠는가?

죄가 있는 곳인가? 하나님이 계신 곳인가?

죄는 하나님과 반대편에 있다는 사실을 알아야 한다.

하나님에게는 죄가 전혀 없기 때문에 죄인을 결코 하나님과 함께 할 수 없으며, 하나님의 나라에도 들어갈 수 없다.

양과 염소의 심판에서도 죄인과 의인을 분명하게 구별하셨다.

시편 1편에서도 죄인들이 의인들의 모임에 들어갈 수 없다고 분명하게 선언했다.

그러므로 죄인은 결국 하나님과 적대관계에 놓여 있으며, 하나님의 반대편에 서 있다. 죄인들은 하나님과 원수관계에 놓여 있기 때문에 하나님이 죄인들을 대적하신다.

따라서 죄인들은 너무 늦기 전에 하나님께 항복하고 하나님과 화해해야 한다. 죄인들이 자신의 죄인 됨을 인정하고 하나님께 나오지 않는다면 결국 하나님의 의로운 심판 날에 임할 진노를 쌓고 있는 것이다.

# 근본적인 죄의 실체

그렇다면 근본적인 죄의 실체란 무엇일까?

죄가 어떻게 들어왔을까?

죄가 어디에 들어왔을까?

인간은 타락하고 왜곡되어 죄가 무엇인지 모르지만 성경은 근본적인 죄의 실체를 폭로한다. 우리가 빛 되신 예수님 앞에 나오면 우리의 죄가 적나라하게 드러난다. 인간이 십자가의 완전한 복음을 만나려면 근본적인 죄가 들어나야 한다.

성경은 근본적인 죄가 마귀 사탄이 범한 죄로서 하나님의 지음을 받은 천사 루시퍼가 하나님과 같아지려는 교만한 마음을 품고 범한 죄라고 말한다.

따라서 죄는 마귀 사탄으로 말미암아 시작되었다. 마귀 사탄은 어떤 존재일까? 마귀 사탄이 어떤 존재인지 알려면 우리는 하나님에 의해서 특별하게 창조된 루시퍼를 이해해야 한다.

루시퍼는 하늘에서 하나님을 섬기는 일을 하고 있었다.

존 크로스는 마귀 사탄이 된 루시퍼에 대해 이렇게 소개하고 있다.

"하나님께서 지으신 영적 존재인 천사들 중에서 지혜와 능력이 가장 뛰어나고 아름다운 존재가 있었다. 그는 루시퍼로서 그 이름의 뜻은 '빛나는 존재'이다. 그는 지극히 높으신 하나님을 섬기는 특별한 직책을 맡은 천사였다. 또한 그는 천사로서 완전하게 지어진 존재였다. 성경은 루시퍼가 대단히 아름다웠으며 지혜가 충만한 존재였다고 말한다.

"네가 옛적에 하나님의 동산 에덴에 있어서 각종 보석 곧 홍보석과 황보석과 금강석과 황옥과 홍마노와 창옥과 청보석과 남보석과 홍옥과 황금으로 단장하였음이여 네가 지음을 받던 날에 너를 위하여 소고와 비파가 준비되었도다 너는 기름 부음을 받고 지키는 그룹임이여 내가 너를 세우매 네가 하나님의 성산에 있어서 불타는 돌들 사이에 왕래하였도다 네가 지음을 받던 날로부터 네 모든 길에 완전하더니 마침내 네게서 불의가 드러났도다"(겔 28:13-15)

첫째로 결국 루시퍼는 교만으로 인하여 타락하고 말았다.

성경은 루시퍼의 교만이 그 반역의 발단이라고 말한다. 뛰어난 아름다움과 지혜와 능력이 천사 루시퍼를 교만하게 만들었고, 교만은 그가 감히 생각조차 할 수 없는 탐욕을 품게 만들었다.

루시퍼는 다섯 번이나 "내가 무엇을 하리라"고 말했다.

이 루시퍼의 "내가 무엇을 하리라"에 대해서는 깊이 생각해 봐야 할 문제이지만 우리는 그 때 하늘에 있었던 반역의 사건에 대해서만 생각해 보자.

"너 아침의 아들 계명성이여 어찌 그리 하늘에서 떨어졌으며 너 열국을 엎은 자여 어찌 그리 땅에 찍혔는고 네가 네 마음에 이르기를 내가 하늘에 올라 하나님의 뭇 별 위에 내 자리를 높이리라 내가 북극 집회의 산 위에 앉으리라 가장 높은 구름에 올라가 지극히 높은 이와 같아지리라 하는도다"(사 14:12-14)

내가 하늘에 (오르리라)

내가 하나님의 별들 위로 내 왕좌를 (높이리라)

내가 북극 집회의 산 위에 (앉으리라)

내가 가장 높은 구름에 (오르리라)

내가 지극히 높으신 이와 (같아지리라)


루시퍼의 문제는 "내가"이다.

곧 하늘나라를 장악하려는 욕망, 곧 그가 지극히 높은 이와 맞서려는 반역의 마음에서 나타난다. 그는 자신이 하나님의 자리를 차지하고, 자신이 하늘의 있는 모든 천사들의 지배자가 되려고 마음을 먹었다.

루시퍼의 마음 속 교만은 수그러들 수 없는 탐욕으로 달아올랐다.

그러나 루시퍼의 야심에는 한 가지 문제가 있었다.

그것은 바로 하나님께서 모든 것을 다 알고 계신다는 사실이다.

모든 것을 아시는 하나님 앞에서 이런 루시퍼의 반역은 감춰질 수가 없었다. 성경은 하나님께서 교만을 미워하신다고 말한다.

하나님께서 싫어하시는 것들이 많지만 그 중에서 특히 교만을 하나님이 가장 싫어하신다.

"여호와께서 미워하시는 것 곧 그의 마음에 싫어하시는 것이 예닐곱 가지이니 곧 교만한 눈과 거짓된 혀와 무죄한 자의 피를 흘리는 손과"(잠 6:16-17)

교만해진 루시퍼는 자신의 의지로 하나님께 대적하는 것을 선택했다. 하나님은 천사를 지으실 때, 로봇같은 존재가 아니라 완전한 자유의지를 가진 존재로 지었기 때문에 하나님을 섬긴다는 것은 바로 자기 의지로 순종을 선택하는 것이다.

그러나 루시퍼의 교만함은 천사의 수준에서 만족하지 않고, 마침내 하나님께 대한 반역을 선택했는데 하나님은 이와 같은 루시퍼의 선택을 죄라고 하셨다.

둘째로 결국 루시퍼는 반역의 죄로 말미암아 심판을 당해야 했다.

완전하신 하나님은 이러한 루시퍼의 죄를 용납하실 수가 없었다. 본질적으로 '완전함'이란 그 속에 '불완전함'이 조금도 없어야 함을 뜻한다. 하나님의 거룩하심에는 일체의 죄가 용납되지 않는다.

하나님은 죄가 없으시므로 그 앞에 있는 죄를 그대로 두실 수 없다.

이것은 우주 안의 어떤 자연 법칙보다 더 분명한 하늘의 영적 법칙이기 때문이다.

루시퍼의 반역의 죄에 대한 하나님의 심판은 즉각적이었다.

하나님은 먼저 루시퍼를 그의 지위에서 추방하셨다.

"네 무역이 많으므로 네 가운데에 강포가 가득하여 네가 범죄하였도다 너 지키는 그룹아 그러므로 내가 너를 더럽게 여겨 하나님의 산에서 쫓아냈고 불타는 돌들 사이에서 멸하였도다 네가 아름다우므로 마음이 교만하였으며 네가 영화로우므로 네 지혜를 더럽혔음이여 내가 너를 땅에 던져 왕들 앞에 두어 그들의 구경 거리가 되게 하였도다"(겔 28:16-17)

하지만 루시퍼는 순순히 물러나지 않았다. 그는 여전히 천사들 중에 가장 뛰어난 존재였고, 다른 천사들이 그를 우두머리로 해서 함께 반역에 가담했다.

성경에는 이 사건의 경위를 설명해 주는 대목이 여러 곳에 있다.

"하늘에 또 다른 이적이 보이니 보라 한 큰 붉은 용이 있어 그 꼬리가 하늘의 별 삼분의 일을 끌어다가 땅에 던지더라 하늘에 전쟁이 있으니 미가엘과 그의 사자들이 용과 더불어 싸울새 용과 그의 사자들도 싸우나 이기지 못하여 다시 하늘에서 그들이 있을 곳을 얻지 못한지라 큰 용이 내쫓기니 옛 뱀 곧 마귀라고도 하고 사탄이라고도 하며 온 천하를 꾀는 자라 그가 땅으로 내쫓기니 그의 사자들도 그와 함께 내쫓기니라"(계 12:3-9)

셋째로 우리는 마귀 사탄과 귀신들이 어떤 존재인지 알아야 한다.

루시퍼는 이제 다른 이름으로 불리는데, 그 이름은 마귀 사탄이다. 그 이름은 각각 그의 성품을 나타낸다. '사탄'은 대적 또는 원수를 의미하고, '마귀'는 거짓말쟁이, 참소하는 자 또는 이간하는 자를 의미한다. 성경은 천사들 중의 삼분의 일이 루시퍼를 따라 반역했다고 말한다.

마귀 사탄을 따라 함께 반역한 부하 천사들이 바로 '귀신들' 또는 '악령들'이 되었다.

넷째로 마귀 사탄과 귀신들은 지옥 불 못에 들어가며 하나님을 대적한다.

하늘에서 마귀 사탄과 귀신들을 추방한 것은 반역한 천사들에 대한 하나님의 심판의 시작에 불과하다.

성경은 하나님께서 최종적으로 그들을 심판하실 장소를 가르쳐 주는

데 그곳은 "마귀와 그 부하들을 위하여 예비된 영원한 불 못"(마 25:41)이라고 소개한다.

이 심판의 장소는 보통 '불 못' 또는 '지옥'이다.

또한 마귀 사탄과 귀신들은 하나님을 대적한다.

마귀 사탄과 그 부하들은 하늘로부터 추방당했지만, 그들에게는 여전히 대단한 지혜와 능력 있다. 가장 높으신 하나님의 원수가 된 사탄의 세력은 이제 모든 힘을 다해 하나님께 대적하는 일을 선택했다.

사탄은 하나님의 모든 선한 것, 하나님과 관계된 모든 것, 하나님께서 계획하신 모든 것에 대해 대적하는 일을 한다.

사탄은 하나님을 대적하려고 하나님이 창조하신 사람에게 다가간다.


## 인간이 범한 근본적인 죄

결국 사탄은 인간을 유혹하여 자신이 범한 죄와 동일한 죄를 범하게 만들었다.

창세기 3장에서 인간이 최초로 죄를 범하는 경우를 생각해 보라.

창세기 3장 1-6절을 읽어보면 표면적으로 드러나는 죄는 불순종이다. 하나님은 에덴동산 중앙에 선악과를 만드시고 인간에게 먹지 말라고 명령하셨다.

하지만 인간은 뱀의 모습으로 찾아온 사탄의 유혹으로 말미암아 선악과를 따먹고 불순종의 죄를 범한다. 하지만 불순종은 표면적으로 드러난 것이고 본문을 자세히 관찰하면 인간이 교만하여 하나님이 되고자

하는 야망을 품고 하나님께 반역하는 죄를 범했다.

인간은 자신이 하나님이 되고, 자신이 왕이 되고, 자신이 삶의 주인이 되어 자기 마음대로 살아가기 위해 그런 근본적인 죄를 범한 것이다.

하나님은 창세기 2장 16-17절에서 명확하게 말씀하셨다.

"여호와 하나님이 그 사람에게 명하여 이르시되 동산 각종 나무의 열매는 네가 임의로 먹되 선악을 알게 하는 나무의 열매는 먹지 말라 네가 먹는 날에는 반드시 죽으리라 하시니라"

하나님의 명령은 명백했으며, 결코 어려운 것이 아니었다.

사실 동산에 있는 모든 나무의 실과는 인간이 맘대로 먹을 수 있었고, 단지 하나만 먹지 말라고 하셨다.

그리고 인간이 선악과를 먹으면 반드시 죽는다고 말씀하셨다.

하지만 인간은 하나님의 말씀을 불신하고 오히려 사탄의 유혹을 받아 사탄의 거짓말을 믿었다.

사탄의 유혹은 의심을 갖게 하는 것이다.

"그런데 뱀은 여호와 하나님이 지으신 들짐승 중에 가장 간교하니라 뱀이 여자에게 물어 이르되 하나님이 참으로 너희에게 동산 모든 나무의 열매를 먹지 말라 하시더냐"(창 3:1)

여기서 '참으로'라는 말은 사탄이 인간에게 불신을 갖게 역사하는 것이다. 사탄은 하나님의 말씀을 의심케 하고 하나님에 대한 믿음을 없애고자 했다. 하와가 사탄의 유혹에 넘어간 증거는 하나님이 말씀하시지 않은 '만지지도 말라'는 말을 덧붙여 말한 것과 '정녕 죽으리라'는 말씀을 기억하지 못하고 '죽을까 하노라 하셨느니라'는 말로 하나님이 강조하신 것을 불신하는 태도를 나타낸 것이다.

이러한 틈이 보였기 때문에 사탄이 거짓말을 했다.

"뱀이 여자에게 이르되 너희가 결코 죽지 아니하리라"(창 3:4)

마귀 사탄은 하나님 말씀에 정면으로 도전했다.

하나님의 말씀하고는 완전히 정반대의 말을 하였다.

하나님은 '정녕 죽는다.'고 말씀하셨고, 사탄은 '결코 죽지 아니한다.'고 말했다. 만약 하와가 창세기 3장 2-3절에서 1절의 사탄의 말에 하나님의 말씀을 분명하게 말했다면 4절에서 사탄은 '결코 죽지 아니한다'고 말하지 못했을 것이다.

하지만 사탄은 한 걸음 더 나아가 5절에서는 하와를 도와주는 척 하며 유혹하여 근본적인 죄를 범하게 만든다.

"선악과를 따 먹어라 먹으면 너희도 하나님처럼 될 수 있다 그것을 하나님이 다 아시니까 너희에게 못 먹게 하는 것이다. 내가 도와 줄 테니 어서 선악과를 따 먹어라"

"너희가 그것을 먹는 날에는 너희 눈이 밝아져 하나님과 같이 되어 선악을 알 줄 하나님이 아심이니라"(창 3:5)

얼마나 영악하게 유혹을 잘하는가?

이제 하와는 사탄의 거짓말을 믿게 되었고, 따라서 피조물인 인간이 하나님이 되고자하는 야망을 품고 선악과를 따 먹었다.

따라서 죄란 하나님의 창조 목적을 떠나서 인간이 하나님이 되고, 인간이 왕이 되고, 인간이 인생의 주인이 되어 자기 마음대로 사는 것이다. 하나님께서 인간을 창조하신 목적은 분명하다.

하나님께서 우리 인간과 인격적 관계 가운데 사랑의 교제를 나누기 위해서 자신의 형상을 따라 우리 인간을 만드셨다.

우리 인간은 하나님의 영광을 위해서 창조되었다.

"내 이름으로 불려지는 모든 자 곧 내가 내 영광을 위하여 창조한 자를 오게 하라 그를 내가 지었고 그를 내가 만들었느니라"(사 43:7)

또한 인간은 하나님의 찬송을 부르기 위해서 창조되었다.

"이 백성은 내가 나를 위하여 지었나니 나를 찬송하게 하려 함이니라"(사 43:21)

하지만 인간이 로봇이나 꼭두각시나 짐승처럼 하나님을 섬기라고 창조된 것은 아니다. 하나님과 인간의 관계는 인격적인 관계 가운데 서로 통하고 사랑하며 아름다운 교제를 나누기 위해서 만들어졌다.

하나님은 인간을 하나님을 닮은 인간으로 하나님의 형상을 따라 만드셨다. 따라서 인간은 하나님을 닮았다.

외적인 모습이 아니라 내적인 부분이 닮았다. 하나님이 인격적인 분이시기 때문에 우리 인간도 인격적인 존재로 만드셨다.

하나님은 우리 인간을 자유의지를 가진 존재로 만드셨다.

자유롭게 결정하고, 자유롭게 생각하고, 자유롭게 선택할 수 있는 인간으로 만드셨다. 로봇처럼 프로그램을 입력하면 그대로 행하는 인간이 아니다. 이렇게 창조된 인간이 하나님을 떠나서 자기가 인생의 주인이 되어 자기 마음대로 사는 것이 인간의 근본적인 죄이다.

한국 대학생선교회의 명예 총재이신 김준곤 목사는 그의 저서「예수 칼럼」에서 근본적인 죄에 대해 말한다.

"사람은 하나님의 법도와 그분의 뜻과 그분의 영광과 그분의 말씀과 명령에 따라 살도록 창조되었는데 그런 인간이 의식적, 무의식적으로 언어와 행동을 통하여 하나님을 적대시하고 하나님 없이 하나님을 등지고 사는 것이 죄이다."

네비게이토 출판사에서 발행한「생명에 이르는 길」에서도 근본적인 죄를 이렇게 소개한다.

"죄란 하나님을 기쁘게 하기보다는 나를 기쁘게 하는 것이며, 하나님 뜻보다는 내가 하고 싶은 대로 하는 것이다."

따라서 죄란 인간 자신이 주인이 되어 하나님이나 다른 사람에게 간섭받지 않으려는 태도다.

"내 삶의 주인은 나다. 내 인생은 내 것이다. 그러므로 누구도 나에게 이래라 저래라 할 수 없다"는 태도로 사는 것이다.

죄란 근본적으로 마음의 태도이다.

인간이 하나님을 뿌리치고 자신이 독단적으로 살아가는 것이 죄이다. 적극적일 때는 하나님을 대적하고 소극적일 때는 하나님께 무관심하게 행동한다.

죄란 하나님으로부터 멀어짐이다.

그분의 통제에 대한 거역이다.

하나님과 협의 없는 활동, 태도, 행동이 죄이다.

성경은 죄에 대해서 분명하게 말씀한다.

"우리는 다 양 같아서 그릇 행하여 각기 제 길로 갔거늘"(사 53:6)

우리 인간을 양으로 비유하는 이유는 다른 짐승하고는 달리 양은 목자가 없이는 살아갈 수 없는 존재이기 때문이다. 양은 어디에 푸른 초장이 있고 쉴 만한 물가가 있는지 모르고 늑대 같은 동물이 공격해 올 때 방어 능력이 없어서 반드시 목자가 필요하다.

마찬가지로 우리 인간도 하나님 없이 살아갈 수 없는 존재다.

그러한 양이 목자를 떠나서 자기 고집대로 하려는 경향이 있는 것처럼 우리 인간도 하나님 없이는 살아갈 수 없는 존재가 하나님을 떠나서 자신이 인생의 주인이 되어 자기 마음대로 살아가려 하기에 우리 인간을 양으로 비유했다.

예수님께서도 "나를 떠나서는 너희가 아무 것도 할 수 없음이라"(요 15:5)고 말씀하셨다.

양 같은 습성이 있는 우리 인간은 하나님을 떠나서 그릇 행하여 각자 자기 길로 나아간다.

하나님이 원하는 길로 나아가지 않고 자기 길로 나아가며 자기가 하고 싶은 대로 실행한다.

이것이 바로 성경이 말하는 근본적인 죄이다.

단호한 말씀이 아닌가?

"다 치우쳐 함께 더러운 자가 되고 선을 행하는 자가 없으니 하나도 없도다"(시 14:3)

여기서 '치우쳤다'는 말은 하나님의 길에서 하나님의 뜻에서 치우쳤으니 더러운 자가 될 수밖에 없다. 인간이 치우쳐서 선을 행할 수는 더더욱 없다. 치우친 사람은 선을 행하기는커녕 가증스런 죄들을 범하며, 마음으로는 하나님이 없다고 말한다(시 14:1-2).

시편 14편 3절에서는 '다 치우쳐 더러운 자가 되었다'고 말하며, 로마서 3장 12절에서는 '다 치우쳐 한가지로 무익하고 쓸모없게 되었다'고 말한다. 결국 다 치우쳐 한가지로 무익하게 되니 쓸모없는 인간이 되고, 결국 지옥에 들어간다.

또한 근본적인 죄란 인간이 하나님을 자기 마음에 모시지 않는 것이다. 단호한 말씀이 아닌가?

"또한 그들이 마음에 하나님 두기를 싫어하매 하나님께서 그들을 그 상실한 마음대로 내버려 두사 합당하지 못한 일을 하게 하셨으니"(롬 1:28)

하나님 없이는 살아갈 수 없는 인간이 행복의 근원 되시는 하나님을 마음에 두기를 싫어한다.

왜냐하면 인간이 자기 마음대로, 자기 뜻대로 살려는 것이다.

하지만 하나님이 없는 인간의 마음은 고장 난 마음, 허전한 마음, 문제가 많은 마음, 상실된 마음, 만족이 없는 마음이기 때문에 그런 마음을 가지고는 행복하게 살 수 없다.

오히려 상실된 마음은 합당하지 못한 죄들만 범하게 된다.

로마서 1장 29절부터 32절에 등장하는 죄들은 인간의 중심 보좌에 하나님이 계시지 않기 때문에 생기는 죄들이다.

인간이 하나님을 믿지 않고 자기 맘대로 살아갈 때 생기는 죄들이다.

하나님께서 인간 마음 중심 보좌에 앉아서 인간을 통치하시면 그러한 죄들은 범하지 않는다.

그들은 주인 되시는 하나님을 버리고 자신이 하나님이 되고, 자신이 왕이 되고, 자신이 주인이 되어 자기 스스로 행복해지려고 노력하게 된다. 단호한 말씀이 아닌가?


"내 백성이 두 가지 악을 행하였나니 곧 그들이 생수의 근원되는 나를 버린 것과 스스로 웅덩이를 판 것인데 그것은 그 물을 가두지 못할 터진 웅덩이들이니라"(렘 2:13)


여기서 소개되는 두 가지 악이 무엇인가?

그 한 가지는 생수의 근원되는 하나님을 버린 것이다.

여기에서 왜 '생수의 근원 되는 하나님'으로 소개하는가?

이 말씀의 의미가 무엇인가?

이것은 '행복의 근원 되는 하나님'이라는 뜻이다.

인간이 생수를 마시면 모든 갈증이 사라지고, 목마르지도 않고, 영원히 행복하게 살 수 있다.

예수님은 이 생수를 우물가의 여인에게도 말씀하셨다.

"내가 주는 물을 마시는 자는 영원히 목마르지 아니하리니 내가 주는 물은 그 속에서 영생하도록 솟아나는 샘물이 되리라"(요 4:14)

여기서 '생수의 근원 되는 하나님'을 버린 것은 하나님 없이 행복할 수 있다는 인간의 태도를 나타내기 때문에 이것이 근본적인 죄이다.

하나님은 이 생명수를 줄 수 있는데 사람들은 생수의 근원 되시는 하나님을 버렸다.

그러나 우물가의 여인은 예수님께 그런 생수를 요청한다.

"여자가 이르되 주여 그런 물을 내게 주사 목마르지도 않고 또 여기 물 길으러 오지도 않게 하옵소서"(요 4:15)


예레미야 2장 13절은 또 다른 한 가지의 죄를 소개한다.

인간이 하나님 없이 행복해 지려고 자기 스스로 노력하는 것이다.

생수의 근원되는 하나님은 버렸지만 물은 안 먹을 수는 없고 그래서 스스로 웅덩이와 샘을 판다. 그러나 인간이 하나님을 떠나서 아무리 노력해도 소용이 없는 것은 그 웅덩이는 물을 저축치 못할 터진 웅덩이기 때문이다. 우리의 주인 되시는 하나님 없이 인간이 자기 인생의 주인이 되어 자기 스스로 노력하는 것은 밑 빠진 독에 물 붓는 것과 같다.

아무리 노력해도 인간이 하나님을 떠나서는 절대로 행복해질 수 없다. 자신이 주인이 되어 자신이 하고 싶은 대로만 한다면 이것은 곧 고민과 불행과 다툼의 원인이 된다. 살인, 도적질, 사기와 같은 것들만이 죄가 되는 것이 아니라 하나님을 기쁘시게 하기보다 자신을 기쁘게 하는 것, 하나님의 뜻보다는 자기가 하고 싶은 대로 하는 것, 하나님이나 다른 사람에게 간섭받지 않으려는 태도와 자신이 삶의 중심이 되고, 자신을 다른 무엇보다 앞에 두는 태도가 바로 근본적인 죄이다.

결국 죄는 하나님에 대하여 적개심을 갖는 것이며 하나님께 반역하는 것이다. 결국 근본적인 죄는 인간의 생명 안에 들어왔고 인간은 아담 안에서 태어났기 때문에 그 끊을 수 없는 근본적인 죄의 저주가 인간에게 흘러 들어왔다.


그러므로 인간과 죄는 결코 분리될 수 없다.

인간이 죄의 옷을 입을 것이 아니라 인간 존재 자체가 죄인이기 때문에 존재적 죄인인 우리를 우리 스스로가 바꿀 수 없다.

우리가 죄를 싫어한다고 죄가 해결 되는 것이 아니다.

인간의 실체가 바로 죄이다.

인간은 존재 자체가 죄인이기 때문에 죄를 짓는 것은 너무나 당연하다.

인간은 죄가 나쁘다는 것은 누구나 알고 있다.

죄는 죄인에게 너무나 자연스럽고 익숙하다.

존재 자체가 죄 덩어리인 인간이 죄를 짓지 않는 다는 것은 말이 되지 않는다. 인간이 선악과에 손을 댄 이유는 하나님께 반역하여 하나님이 되려는 야망 때문에 선악과에 손을 댄 것이기 때문에 죄란 하나님께 하는 반역이다.

사탄이 인간에게 다가와 "너에게 한 가지 부족한 것이 있단다.

너는 하나님이 되어야 한단다.

너는 신이 되어야 한단다."라고 유혹했다.

죄란 곧 하나님께 하는 반역이다.

그러므로 죄의 뿌리에는 반드시 마귀 사탄이 있으며, 마귀는 죄를 도구로 사용하여 사람들을 손아귀에 넣기 때문에 죄를 짓는 자는 마귀 사탄에게 속한다.

처음부터 죄는 마귀 사탄이 시작했다.

마귀 사탄의 목적은 결국 인간을 죽이고 멸망시키려는 것이다.

우리 예수님의 목적과 얼마나 대조가 되는가?

"도둑이 오는 것은 도둑질하고 죽이고 멸망시키려는 것뿐이요 내가 온 것은 양으로 생명을 얻게 하고 더 풍성히 얻게 하려는 것이라"(요 10:10)

사탄의 명칭은 정확하게 그가 하는 일을 폭로하기 때문에 성경은 마귀 사탄을 옛 뱀이요, 큰 용이요, 바알세불이요, 벨리알이요, 공중의 권세 잡은 자요, 원수요, 거짓말쟁이요, 어두움의 세상 주관자요, 대적자요, 참소자로 소개한다.

그러므로 세상의 모든 악과 죄와 불법이 마귀 사탄에게서 나왔다.

결국 인간이 죄를 범함으로 하나님을 떠나게 되었고,

하나님이 주신 모든 축복을 잃어버렸다.

이 모든 원인은 인간이 죄를 범했기 때문이다.

항상 죄가 인간에게 문제를 일으킨다.

온 우주에서 가장 무섭고, 파괴적인 것이 죄다.

모든 문제의 원인, 모든 슬픔의 근원, 모든 인간의 공포의 원인은 죄에 있다. 죄는 인간의 본성을 뒤집어 놓았고, 인간 생활의 내적 조화를 파괴시키고, 인간으로부터 그 고귀함을 박탈한다.

죄는 인간을 유혹하여 마귀 사탄의 사슬에 얽매이게 했다.

모든 정신 이상, 모든 질병, 모든 파괴, 모든 전쟁은 그 뿌리를 죄에 두고 있다.

죄는 인간의 두뇌에 광란을 가져왔고 심장에 독소를 집어넣었다.

죄는 광란하는 태풍이며, 분화중인 화산이며, 정신 병원에서 뛰쳐나간 미치광이다.

죄는 배회하는 범죄자이며, 먹이를 찾아 헤매는 사자이며, 지상을 향해 돌진하는 번개 불이다.

죄는 목을 잘라내는 단두대이며, 인간의 영혼까지 좀먹어 들어가는 암이며, 전방에 있는 모든 것을 휩쓸어버리는 성난 태풍과 같다.

죄로 인하여 모든 인간의 범죄를 담은 물줄기는 더러워졌고, 모든 바람은 도덕적으로 부패했고, 매일 매일의 광선은 어두워지고, 모든 인생의 잔은 쓴맛이 감돌고, 모든 인생행로는 함정으로 위험스러워지고, 모든 인생 항로는 암초의 위험이 있다.

죄는 모든 행복을 파괴하고, 이해력을 어둡게 하고, 양심을 마비시키고, 모든 것을 고갈시키고, 모든 슬픔의 눈물과 고민의 아픔을 가져온다.

죄는 최고급 옷을 약속하면서 수의를 가져다준다.

죄는 자유를 약속하고는 속박을 주며, 비단을 약속하면서 무명을 준다. 장구한 세월 동안 인간은 죄의 병에 눈이 멀어 탈출구를 찾아 헤매야 하는 영적인 암흑세계에 빠졌다.

따라서 죄인은 자신의 뜻을 행하기보다는 자아도취에서 벗어나 하나님과 그분의 참된 법에 순종하고 그분만 섬겨야 한다.


## 죄의 확장성

씨앗 속에 무한한 확장성이 있는 것처럼 죄도 무서운 전염성이 있다.

"그러므로 한 사람으로 말미암아 죄가 세상에 들어오고 죄로 말미암아 사망이 들어왔나니 이와 같이 모든 사람이 죄를 지었으므로 사망이 모든 사람에게 이르렀느니라"(롬 5:12)

근본적인 죄는 한 사람의 생명 안에 들어와 모든 사람에게 퍼져 나갔고, 결국 모든 사회 영역으로 침투해 들어갔다.

죄는 우리의 가정과 직장과 군대와 나라 곳곳에 침투해 들어갔다.

그래서 사람들은 죄가 성립될 상황과 조건만 맞으면 여지없이 죄를 범하고 넘어진다. 과거 유럽을 휩쓸었던 페스트라는 전염병처럼 죄는 마귀 사탄으로부터 시작되어 하와와 가인과 라멕에게 흘러 들어가 모든 인간들이 타락함으로 하나님께서 결국 물로 모든 인간들을 다 쓸어버리게 만들었다.

이것이 죄의 영향력이다.

결국 죄는 아담 안에서 모든 사람을 죽게 만들었다.

"아담 안에서 모든 사람이 죽은 것 같이 그리스도 안에서 모든 사람이 삶을 얻으리라"(고전 15:22)

결국 죄는 인간의 무한한 생명력 안에 들어가 인간의 지성과 감성과 의지를 오염시킨다.

그러므로 죄는 나무의 열매가 아니기 때문에 죄의 열매를 아무리 따더라도 죄는 해결되지 않는다.

여러 가지 상황과 여건만 맞으면 죄의 열매는 언제라도 맺힐 수 있기 때문이다.

결국 인간은 죄를 지어서 죄인이 아니라 인간 자체가 죄 덩어리요, 인간의 본질 자체가 죄인이다. 인간이 큰 죄를 지었는가, 작은 죄를 지었는가, 그것이 중요한 것이 아니라 인간의 본질이 죄인이기 때문에 인간의 본질을 바꾸어야 한다.

## 죄의 영속성

인간의 근본적인 죄는 결국 영원히 꺼지지 않는 지옥 불못으로 연결된다. 인간이 범한 근본적인 죄는 인간의 역사 속으로 계속 흘러들어갔다. 그러므로 죄인인 나를 길들이고 변화시키려고 노력하는 것보다 나의 병든 자아가 십자가에서 죽어야 한다.

하지만 우리가 혼자서 스스로 죽을 수 없다면 우리는 어떻게 해야 할까? 다행스럽게도 나의 병든 자아를 죽이는 방법이 있는데 그것은 나의 병든 자아가 이미 그리스도 안에서 죽었다는 진리를 발견하고, 그 진리를 내 것으로 삼아야 한다.

성경의 진리가 결론이 되어야 한다.

"우리가 알거니와 우리의 옛 사람이 예수와 함께 십자가에 못 박힌 것은 죄의 몸이 죽어 다시는 우리가 죄에게 종 노릇 하지 아니하려 함이니 이는 죽은 자가 죄에서 벗어나 의롭다 하심을 얻었음이라"(롬 6:6-7)

이 말씀 안에 우리의 소망이 있고 해결책이 있다.

우리가 예수와 함께 죽어야 근본적인 죄에서 벗어나 죄에게 종노릇하지 않게 된다. 그러므로 나의 병든 자아가 죽어야 나의 죄 문제를 해결할 수 있다. 많은 사람들은 자신이 지은 죄의 보따리를 십자가 앞에 내려놓고 그 은혜에 감사하면 되는 줄 알고 있다.

많은 사람이 자신의 병든 자아 길들이기를 통해서 죄를 해결하려 하겠지만 우리가 예수님과 함께 십자가에 죽어야 죄의 문제를 해결할 수 있다. 우리 예수님께서는 결코 혼자서 십자가에 못 박히신 것이 아니기 때문이다.

이미 역사 속에서 실재하셨던 그 예수님께서 나의 병든 자아를 십자가에 못 박으셨다. 그러므로 예수님이 십자가에서 죽으실 때 나도 함께 죽었다는 진리를 믿고 받아들여야 한다.

"이는 너희가 죽었고 너희 생명이 그리스도와 함께 하나님 안에 감추어졌음이라"(골 3:3)

이미 죽은 우리가 그 병든 자아를 변화시키려고 노력을 해도 소용이 없다. 마귀 사탄은 병든 자아를 처리하는 놀라운 진리를 숨기려 하겠지만 아무리 사기를 잘 치는 사기꾼이라도 그가 사기꾼이라는 정체가 밝혀지면 그 사기꾼은 더 이상 우리에게 영향을 미칠 수 없는 것처럼 우리는 이제 사탄에게 속지 말아야 한다.

그러므로 하나님의 말씀의 진리를 깨닫고 진리가 결론이 되게 해야 한다. 진리가 무엇인가? 나의 죄가 십자가에 못 박힌 것이 아니라 근본적인 죄인인 내가 십자가에 못 박혔다는 것이 진리다. 내가 주인 노릇하는 나의 병든 자아가 이미 2000년 전에 죽었다는 것이 진리이다.

"내가 그리스도와 함께 십자가에 못 박혔나니 그런즉 이제는 내가 사는 것이 아니요 오직 내 안에 그리스도께서 사시는 것이라 이제 내가 육체 가운데 사는 것은 나를 사랑하사 나를 위하여 자기 자신을 버리신 하나님의 아들을 믿는 믿음 안에서 사는 것이라"(갈 2:20)

따라서 우리가 우리의 죄 된 실존을 보려면 마음에 사형선고까지 받아드려야 한다. 하나님께서 우리를 바라보시는 시각까지 내려가야 한다. 우리가 죄를 범했기 때문에 우리의 범죄에 대해서 현장검증을 하는 장소까지 내려가야 한다.

성경에서 죄를 어떻게 말하고 있는지를 관찰했다면 죄의 확장성과 영속성을 통해 죄의 사회적인 현상을 관찰하고 우리 자신에게 적용해야 한다. 이처럼 우리 각자 한 사람 한 사람이 자신의 죄인 된 실존을 정확하게 보아야 십자가의 완전한 복음이 보인다.

## 존재적 죄인

로마서는 1장부터 3장은 대부분 죄에 대해서 다루고 있다.

로마서 1장은 근본적인 죄에 대해서, 로마서 2장은 나름대로 선하게 살았다고 자부하는 사람들과 유대인들과 다른 사람을 지도하는 선생들의 죄에 대해서 다룬다. 과연 그들은 안전할까?

결국 그들도 죄인이기 때문에 하나님의 심판을 피할 수 없다.

바울은 그들의 죄를 로마서 2장 1절부터 5절에서 이렇게 지적하고 있다.

"그러므로 남을 판단하는 사람아, 누구를 막론하고 네가 핑계하지 못할 것은 남을 판단하는 것으로 네가 너를 정죄함이니 판단하는 네가 같은 일을 행함이니라 이런 일을 행하는 자에게 하나님의 심판이 진리대로 되는 줄 우리가 아노라 이런 일을 행하는 자를 판단하고도 같은 일을 행하는 사람아, 네가 하나님의 심판을 피할 줄로 생각하느냐 혹 네가 하나님의 인자하심이 너를 인도하여 회개하게 하심을 알지 못하여 그의 인자하심과 용납하심과 길이 참으심이 풍성함을 멸시하느냐 다만 네 고집과 회개하지 아니한 마음을 따라 진노의 날 곧 하나님의 의로우신 심판이 나타나는 그 날에 임할 진노를 네게 쌓는도다"

그러므로 누구를 막론하고 근본적인 죄에 대해서는 핑계하지 못한다. 다른 사람을 비판하면서 본인들도 그러한 죄를 범하고 있기 때문에 하나님의 심판을 피할 수 없는 것이다.

그들이 하나님의 인자하심과 풍성함을 멸시하고 회개하지 않으면 하나님의 심판의 날에 임할 진노를 쌓고 있는 것이다. 그래서 바울은 남을 가르치는 선생들과 유대인들에게 이렇게 질문한다.

"그러면 다른 사람을 가르치는 네가 네 자신은 가르치지 아니하느냐 도둑질하지 말라 선포하는 네가 도둑질하느냐 간음하지 말라 말하는 네가 간음하느냐 우상을 가증히 여기는 네가 신전 물건을 도둑질하느냐 율법을 자랑하는 네가 율법을 범함으로 하나님을 욕되게 하느냐"(롬 2:21-23)

로마서 3장은 우리 모두가 근본적인 죄를 범한 존재적 죄인이라는 사실을 지적한다.

바울은 로마서 3장 9절부터 13절에서 하나님 앞에 의인은 단 한 사람도 없고 모든 사람이 다 죄 아래에 있다고 선언한다.

"그러면 어떠하냐 우리는 나으냐 결코 아니라 유대인이나 헬라인이나 다 죄 아래에 있다고 우리가 이미 선언하였느니라 기록된 바 의인은 없나니 하나도 없으며 깨닫는 자도 없고 하나님을 찾는 자도 없고 다 치우쳐 함께 무익하게 되고 선을 행하는 자는 없나니 하나도 없도다 그들의 목구멍은 열린 무덤이요 그 혀로는 속임을 일삼으며 그 입술에는 독사의 독이 있고 그 입에는 저주와 악독이 가득하고 그 발은 피 흘리는 데 빠른지라 파멸과 고생이 그 길에 있어 평강의 길을 알지 못하였고 그들의 눈 앞에 하나님을 두려워함이 없느니라 함과 같으니라"

바울은 여기서 인간의 근본적인 죄가 속에서 겉으로 나와 인간의 삶을 파괴하는 과정을 다룬다.

결국은 인간의 내면의 죄가 목구멍과 혀로 이어지고, 다시 입과 입술로 이어지고, 다시 행동으로 연결되어 잘못된 길을 걸어가므로 그 발은 죄를 짓는데 빠르게 걸어간다.

또한 죄인이 걸어가는 길에는 파멸과 고생과 슬픔이 있어 삶이 고달프지만 그래도 그들은 하나님을 두려워하지 않는다.

그러므로 인간의 근본적인 죄는 율법의 행위로 해결할 수 없다.

율법을 지키려고 노력을 하면 할수록 율법을 지킬 수 없다는 사실을 발견하기 때문에 우리는 하나님 앞에서 아무 소리도 못하고 심판을 당할 수밖에 없다.

그러므로 십자가의 완전한 복음을 만나려면 자신이 하나님이 되고, 자신이 왕이 되고, 자신이 삶의 주인이 되려는 근본적인 죄의 실체를 바로 보아야 한다.

# CHAPTER 2

# 죽음과 지옥의 심각성

우리에게 십자가의 완전한 복음이 이루어지려면 죽음과 지옥의 심각성을 알아야 한다. 우리가 1장에서 근본적인 죄의 실체를 알았다면 이제 2장에서는 근본적인 죄의 대가인 죽음과 지옥의 심각성을 알아야 한다. 우리가 죄의 대가가 얼마나 무서운가를 모르면 십자가의 완전한 복음은 이루어지지 않기 때문이다.

그러므로 성경은 인간의 근본적인 죄로 말미암아 죽음이 세상에 들어왔고, 모든 사람이 죄를 지었기 때문에 모든 사람이 죽는다고 선포한다. 뿐만 아니라 성경은 죄의 대가가 죽음이라고 분명하게 말하고 있다.

"그러므로 한 사람으로 말미암아 죄가 세상에 들어오고 죄로 말미암아 사망이 들어왔나니 이와 같이 모든 사람이 죄를 지었으므로 사망이 모든 사람에게 이르렀느니라"(롬 5:12)

"죄의 삯은 사망이요"(롬 6:23)

그렇다면 죄의 대가인 죽음이란 무엇일까?

## 영적인 죽음

우리가 알아야할 사실은 우리 인간에게 세 가지 죽음이 있다는 것이다. 인간에게 있는 세 가지 죽음은 영적인 죽음과 육신의 죽음과 영원한 죽음이다. 그렇다면 영적인 죽음이란 무엇일까?

영적인 죽음이란 인간이 태어날 때부터 아담의 원죄를 물려받아 영적으로 죽어있는 것이다. 따라서 바울은 에베소 교회 성도들이 구원받기 전에 허물과 죄로 말미암아 영적으로 죽어 있었다고 말한다.

"그는 허물과 죄로 죽었던 너희를 살리셨도다"(엡 2:1)

그러므로 모든 사람이 구원받기 전에는 영적으로 죽어 있었지만 그들이 하나님이 만드신 완전한 복음을 믿음으로 말미암아 구원을 받을 때 그들은 예수님의 생명을 얻음으로 말미암아 다시 살아난다.

우리는 과거에 허물과 죄로 인하여 영적으로 죽어 있었던 것이다.

또한 죄악의 쾌락 가운데 사는 사람들도 영적으로 죽어 있다.

그들은 누구든지 죄악의 쾌락 가운데서 살고 있다면 영적인 일에 대하여 죽어 있는 것이다. 아담의 죄는 그 자신을 영적인 일들로부터 분리시켰다. 선과 악을 알고도 악을 선택하는 사람들도 영적인 일들로부터 분리되어 있다.

하지만 구원받은 사람은 죽음 가운데서 살아나서 성령의 역사로 말미암아 영적인 일들에 대하여 깨어 있다.

따라서 구원받은 사람은 예수님께 받은 생명으로 말미암아 죄악을 이기고 의롭게 살아갈 수 있는 것이다.

구원받지 못한 사람은 영적인 일에 대해 죽어 있지만 구원받은 사람은 죄를 짓는 일에 대해 죽어 있다. 구원받은 사람이나 죄인이나 모두 육신의 죽음을 경험한다. 하지만 구원받지 못한 사람은 육신이 죽으면 즉시 영원토록 거할 지옥에 들어가며, 다가올 영원한 죽음에 들어간다.

사실 죽음은 무의식 상태가 아니며, 죽음은 단지 어떤 일에 대하여 활동할 수 없는 상태가 되는 것이다.

구원받지 못한 사람은 하나님과 교통할 수 있는 영이 죽어 있기 때문에 그들은 하나님을 찾지도 않고, 하나님께 영광을 돌리지도 않고, 오히려 하나님을 부인하고, 영적인 것들을 미련하게 여기며, 영적인 일에 대한 깨달음도 없다.

하나님 말씀을 듣고 성령님께서 깨우쳐 주시기 전에는 인간은 영적으로 죽어 있기 때문에 구원을 받을 수도 없고, 하나님을 찾지도 않는다.


"육에 속한 사람은 하나님의 성령의 일들을 받지 아니하나니 이는 그것들이 그에게는 어리석게 보임이요, 또 그는 그것들을 알 수도 없나니 그러한 일은 영적으로 분별되기 때문이라"(고전 2:14)

여기서 바울이 말한 '육에 속한 사람'은 예수님을 믿지 않는 사람으로 그들은 자연인이며, 그들에게는 하나님의 영적인 일들이 오히려 미련하게 보인다.

바울은 영적인 일이 '그에게는 어리석게 보임이요'라고 말한다.

그러나 구원받고 성령님께서 우리의 마음에 들어오시면 성경의 어려운 말씀도 이해가 되고, 영적인 일들이 이해가 되기 시작한다.

그래서 바울은 '그러한 일은 영적으로 분별되기 때문이라'라고 말한다. 하나님의 영적인 일들은 사람의 눈으로 보는 것이 아니며, 사람의 귀로 듣는 것도 아니며, 인간적인 마음으로 생각한다고 해서 알 수 있는 것이 아니다.

그러므로 바울은 하나님의 영적인 일들은 성령님께서 역사하실 때 믿음의 눈으로 진리를 분별할 수 있고, 영적인 일들을 이해할 수 있다고 말한다.

"기록된 바 하나님이 자기를 사랑하는 자들을 위하여 예비하신 모든 것은 눈으로 보지 못하고 귀로 듣지 못하고 사람의 마음으로 생각하지도 못하였다 함과 같으니라 오직 하나님이 성령으로 이것을 우리에게 보이셨으니 성령은 모든 것 곧 하나님의 깊은 것까지도 통달하시느니라"(고전 2:9-10)

그러므로 구원받지 못한 사람들은 영적으로 죽어 있는데 이것이 바로 영적인 죽음이다. 이제 육신의 죽음에 대해 알아보자.

## 육신의 죽음

그렇다면 육신의 죽음이란 무엇일까?

육신의 죽음이란 인간의 몸에서 영혼이 떠날 때 그 육신이 죽는 것이 육신의 죽음이다.

그때 육신은 더 이상 활동할 수 없으며, 인간의 몸은 원래 흙으로 지어져 있기 때문에 육신이 죽으면 흙으로 돌아간다.

그렇다면 인간에게 있는 혼은 무엇일까?

성경은 인간의 혼은 의식이 있다고 전하고 있다.

누가복음 16장에 나오는 부자는 육신이 죽어 무덤에 묻혔지만 그의 혼은 지옥의 고통을 의식하고 있었다.

인간의 육신의 죽음을 설명하는 말씀은 히브리서 9장 27절이다.


"한번 죽는 것은 사람에게 정해진 것이요"


인간의 인생을 나그네 길에 비유하면 이 세상은 종착역이 아니라 그저 잠시 들려 가는 휴식처이다. 인간이 과거라는 역을 출발하여 현실이라는 역을 거쳐 미래라는 종착역에 도착하면 인생이 끝난다.

여기서 인간의 탄생은 과거의 역이며, 오늘의 삶은 우리가 살고 있는 현실의 역이며, 죽음은 미래의 종착역이다. 하지만 언제, 어떻게 죽음의 종착역에 도착할지 모르는 것이 우리의 인생이다. 우리의 평생은 순식간에 지나가며, 너무도 빨리 지나가기 때문에 인생은 너무나 짧고 허무하다.

식물의 모든 풀은 반드시 시들 때가 있는 것처럼 우리의 인생도 시들어 죽을 때가 있다. 인간이 아무리 건강하고 미모가 아름답다 하더라도 그 미모와 건강은 영원히 지속되지 못하고 사라질 때가 있다.

따라서 사도 베드로는 인간의 모든 영광을 풀의 꽃에 비유했다.

"그러므로 모든 육체는 풀과 같고 그 모든 영광은 풀의 꽃과 같으니 풀은 마르고 꽃은 떨어지되"(벧전 1:24)

인간은 오래 살지 못하고 빨리 죽으며 아주 짧은 인생을 살아도 그 인생 속에는 괴로움이 가득하여 한시라도 편안한 날이 많지 않고 괴로움의 연속이다.

"여인에게서 태어난 사람은 생애가 짧고 걱정이 가득하며 그는 꽃과 같이 자라나서 시들며 그림자 같이 지나가며 머물지 아니하거늘"(욥 14:1-2)

우리 인생은 그림자 같고, 풀과 같고, 안개와 같은 존재이다.

안개는 작은 물방울로 되어 있어서 햇빛이 비치면 사라지는 것처럼 우리의 인생도 잠깐 있다가 없어지는 제한된 인생을 살고 있는 것이다.

"들으라 너희 중에 말하기를 오늘이나 내일이나 우리가 어떤 도시에 가서 거기서 일 년을 머물며 장사하여 이익을 보리라 하는 자들아 내일 일을 너희가 알지 못하는도다 너희 생명이 무엇이냐 너희는 잠깐 보이다가 없어지는 안개니라"(약 4:13-14)

우리 인생은 사는 날이 적고, 그림자 같이 신속하고, 평생이 순간적으로 지나가기 때문에 시편 기자는 인간의 죽음을 날아가는 화살에 비유했다. 어떤 사람이 화살을 가지고 목표물을 향해 쏘았을 때 화살을 쏘는 순간이 탄생이요, 화살이 날아가는 과정이 인생이요, 목표물에 닿는 순간이 죽음인 것이다. 따라서 우리는 죽음을 향해 걸어가는 것도 아니요, 뛰어가는 것도 아니요, 날아가고 있는 것이다.

우리 인생의 전체를 생각해 보면 세월과 시간이 어렸을 때에는 기어가고, 청소년 때에는 걸어가고, 청년의 때에는 뛰어가고, 노인의 때에는 날아가는 것을 느낄 수 있다. 우리가 어릴 때에는 시간이 빨리 지나서 어른이 되고 싶지만 막상 어른이 되면 하는 일없이 세월만 보내고 있다는 생각이 든다.

그러므로 모세는 세월이 얼마나 빠른지 날아가는 것과 같다고 말했다.

"우리의 모든 날이 주의 분노 중에 지나가며 우리의 평생이 순식간에 다하였나이다 우리의 연수가 칠십이요 강건하면 팔십이라도 그 연수의 자랑은 수고와 슬픔뿐이요 신속히 가니 우리가 날아가나이다"(약 4:13, 시 90:9-10)


첫째로 인간의 육신의 죽음은 모든 사람에게 정해져 있다.

죽음에 대한 싸움은 어린아이가 태어나는 순간부터 시작된다.

어머니는 아기의 생명을 보호하기 위해 여러 해 동안 심혈을 기울인다. 어머니는 아기의 음식과 의복과 환경을 돌보고, 진료와 예방 접종을 시킨다. 이와 같은 어머니의 보살핌에도 불구하고 아기들 중에 이미 죽어간 아기들이 많이 있다. 그러므로 죽음은 어린 아기를 포함해서 모든 사람에게 정해진 사실이다.

인간이 세상에 태어난 이상 죽음을 피할 수는 없다.

육신의 죽음은 창조의 새벽부터 현재까지, 아니 세상 끝 날까지 모든 인류가 경험해야 할 공통의 죽음이다.

죽음이 모든 사람에게 이미 예정되어 있기 때문에 언제 죽느냐 하는 것이 문제일 뿐이다. 우리가 살아가는 중에 이런 저런 약속을 하고, 그 약속을 소홀히 하고 어길 수도 있지만 아무도 무시하거나 깰 수 없는 약속이 있으니 그것이 바로 죽음에 대한 약속이다.

사람들은 생명이 탄생하고 어린 아기가 태어나면 기뻐하지만 생명이 가고 사람이 죽으면 빨리 잊으려고 노력한다.

사람들은 생명이 태어나게 하려고 온갖 노력을 다하지만 그와 같은 생명이 세상으로부터 사라져 가는 것을 망각하고 있다.

그렇다면 육신의 죽음에 대한 가장 중요한 교훈은 무엇일까?

육신의 죽음에 대한 가장 중요한 교훈은 우리가 살아있을 때 육신의 죽음을 미리 준비하는 것이다. 인간은 그 무엇보다도 죽음에 대한 적절한 준비를 해야 한다.

하지만 사람들은 다른 모든 일을 준비하면서도 죽음에 대해서는 준비하지 않는다. 인간은 교육과 사업과 출세와 취직과 결혼과 노후 생활을 위해 준비하지만 자신의 죽음을 위해서는 준비하지 않는다. 자신이 죽지 않고 영원히 살아갈 것처럼 행동하는 것이다.

그러므로 인간은 주위에서 일어나는 사건을 통해 자신에게 죽음이 다가올 수 있다는 것을 예상해야 한다.

우리 주변의 구급차의 요란스런 사이렌 소리와 장례 등을 걸어 놓은 초상집과 우리가 가끔 지나치는 묘지들과 도시의 심한 교통을 뚫고 지나가는 영구차들이 인간에게 죽음이 다가올 수 있다는 것을 보여준다.

그러므로 세상의 여러 곳에서 "한번 죽는 것은 사람에게 정하신 것이요"라는 메시지가 들여온다.

수많은 병원에서도 "한번 죽는 것은 사람에게 정하신 것이요"라고 말한다. 수많은 장의사들도 "한번 죽는 것은 사람에게 정하신 것이요"라고 말한다. 신문과 방송의 뉴스에서도 "한번 죽는 것은 사람에게 정하신 것이요"라고 말한다.

큰 대형사고가 일어날 때도 "한번 죽는 것은 사람에게 정하신 것이요"라고 말한다. 우리 주변에서 교통사고가 일어날 때도 "한번 죽는 것은 사람에게 정하신 것이요"라고 말한다.

하지만 마귀 사탄은 우리에게 "다른 사람은 다 죽어도 너는 죽지 않아요."라고 말한다. 우리는 마귀 사탄의 말을 듣고 "그래, 다른 사람은 다 죽어도 나는 죽지 않아요."라고 말한다. 하지만 인간에게 죽음이 다가오고 있는 것을 증명하지 않아도 죽음은 어김없이 인간에게 다가오고 있다.


둘째로 육신의 죽음은 사람을 구별하지 않는다.

그러므로 육신의 죽음은 모든 사람을 같은 지위로 하락시킨다.

육신의 죽음은 만민을 차별 없이 대하기 때문에 왕의 궁전에도 가난한 농부의 집을 방문하듯이 쉽게 찾아간다.

육신의 죽음은 대통령의 관저에도 자기 집 안방에 들어가듯이 찾아간다. 육신의 죽음은 노인을 불러가기도 하며, 심지어 어머니 품속에 있는 갓난아기에게도 찾아가며, 결혼식을 앞둔 사랑스러운 신부에게도 찾아간다.

육신의 죽음은 부자에게서 그 재물을 앗아가 버리고, 가난한 사람에게서 그 누더기를 벗기어 버리며, 인간에게서 끓어오르는 탐심을 식혀 버리고, 정욕의 불길을 죽여 버린다.

모든 사람이 육신의 죽음을 도외시하고 모르는 체 하려고 애를 쓰고 있지만 왕자든, 농부든, 바보든, 장사이든, 살인자든, 성자이든 간에 누구나 한번은 직면해야 하는 것이 육신의 죽음이다.

육신의 죽음은 나이도 상관하지 않고 야당이나 여당의 구별도 없다. 육신의 죽음이 다가오는 정확한 시간은 아무도 모르지만, 육신의 죽음이 언제라도 찾아올 수 있는 불청객이라는 사실을 우리는 알아야 한다.

인간의 생명은 금방이라도 끊어질 것 같은 실에 매달려 있다.

무덤은 우리의 인생 노정에 한 발짝 걸음을 옮겨 놓을 적마다 그 어두컴컴한 입을 벌리고 다가온다. 육신의 죽음은 만인의 적으로 제왕이라 할지라도 육신의 죽음의 칼 앞에는 굴복하기 마련이다.

수많은 과학자나 의사들이 육신의 죽음이라는 괴물을 왕궁에서 멀리 떼어놓으려고 용감하게 싸우지만 수의를 몸에 걸친 공포의 군주는 몰래 호위 망을 뚫고 들어와 왕의 침실로 들어가서 음산한 외투로 군주를 덮쳐 버린다.

사실 우리는 육신의 죽음을 향하여 가는 길에서 여러 가지 일들을 행하고 있다. 따라서 우리가 하는 모든 일은 육신의 죽음으로 가는 길에서 하고 있다. 잠을 자는 것과 식사를 하는 것과 공부를 하는 것과 사업을 하는 것과 심지어 사랑을 하는 것도 육신의 죽음으로 가는 길에서 하고 있는 것이다.

따라서 우리는 육신의 죽음에 대한 진실이 무엇인지 바로 알아야 한다. 우리가 한번 죽는 다는 것은 진리요 사실이다. 중요한 것은 구원받은 사람들은 죽은 다음에 아름다운 하늘나라에 들어가지만 구원받지 못한 사람은 죽어서 지옥에 들어간다는 사실이다.

셋째로 육신의 죽음은 결코 끝이 아니며 소멸도 아니다.

사실 인간은 아무 것도 소멸시킬 수 없다.

어떤 사람들이 쓰레기를 줄이려고 소각장에서 태우지만 쓰레기는 결코 없어지지 않는다. 쓰레기를 태우면 없어지는 것이 아니라 가스를 발생시켜 공기를 오염시킬 뿐이다.

그러므로 쓰레기를 태운 후에 타버린 재와 태울 때 나온 가스의 무게를 달아보면 처음의 쓰레기의 무게와 동일한 것이다. 그러므로 우리가 쓰레기를 태워서 없애 버린 것이 아니라 단지 형태만 바꾸어 놓았을 뿐이다.

만일 냄비에 물을 넣고 끓이면 물이 없어지고 다 소멸된 것처럼 보이지만 그것은 단지 수증기로 변해서 공기 중에 남아 있기 때문에 이것이 바로 물의 순환이다. 물을 햇빛으로 데우면 물이 수증기로 변하여 구름이 되고, 그 구름이 위로 올라가면 다시 비와 눈으로 변해서 다시 내려온다. 그래서 인간이 소멸시킬 수 있는 것은 하나도 없는 것처럼 인간의 육신의 죽음도 소멸이 아니다.

마찬가지로 인간의 영혼도 소멸할 수 없다.

인간의 영혼은 의식을 가진 채 영원토록 하나님의 축복 속에서 살아가든지, 저주받은 지옥에서 고통과 재앙 속에서 살아가든지 둘 중의 하나이다. 이제 영원한 죽음에 대해 알아보자.

## 영원한 죽음

그렇다면 영원한 죽음이란 무엇일까?

인간이 육신의 죽음을 맞이하면 모든 것이 끝나는 것이 아니라 육신의 죽음 후에는 최후의 심판이 있고, 심판을 당한 사람은 모두 지옥에 들어가는 데 그것이 바로 영원한 죽음이다.

그러므로 영원한 죽음은 인간이 지옥에 들어가는 둘째 사망이다.

"한번 죽는 것은 사람에 정해진 것이요 그 후에는 심판이 있으리니, 또 내가 보니 죽은 자들이 큰 자나 작은 자나 그 보좌 앞에 서 있는데 책들이 펴 있고 또 다른 책이 펴졌으니 곧 생명책이라 죽은 자들이 자기 행위를 따라 책들에 기록된 대로 심판을 받으니 바다가 그 가운데에서 죽은 자들을 내주고 또 사망과 음부도 그 가운데에서 죽은 자들을 내주매 각 사람이 자기의 행위대로 심판을 받고 사망과 음부도 불못에 던져지니 이것은 둘째 사망 곧 불못이라"(히 9:27, 계 20:12-14)

우리는 사람이 죽으면 모든 것이 끝나고 모든 것이 소멸된다고 생각하지만 사도 요한은 사람들이 죽으면 모든 것이 끝나는 것이 아니라 죽은 사람은 반드시 심판을 받고, 심판을 받은 사람은 지옥 불못에 던져진

다고 말한다. 그러므로 심판받은 사람이 영원한 지옥에 들어가는 것이
영원한 죽음이다.


## 최후의 심판

성경은 "한번 죽는 것은 사람에게 정해진 것이요 그 후에는 심판이 있
으리니"(히 9:27)라고 말씀한다. 따라서 인간의 진정한 문제는 죄로 말
미암아 당하는 하나님의 심판이다.

죄의 대가가 죽음이지만 죽음 자체가 죄에 대한 면죄부를 주는 것은
아니다. 죽어도 해결 못하는 것이 인간의 죄이기 때문이다.

그러므로 인간은 죽은 후에 반드시 죄에 대한 심판을 당한다.

사람들은 어려운 일을 만나면 자살을 선택하지만 자살은 문제를 해결
하는 것이 아니라 영원히 해결할 수 없는 문제와 고통 속으로 들어가는
것이다. 그래서 바울은 하나님의 엄중한 심판에 대해 이렇게 경고했다.

"우리가 다 하나님의 심판대 앞에 서리라 기록되었으되 주께서 이르
시되 내가 살았노니 모든 무릎이 내게 꿇을 것이요 모든 혀가 하나님께
자백하리라 하였느니라 이러므로 우리 각 사람이 자기 일을 하나님께
직고하리라"(롬 14:10-12)

우리는 누구나 다 하나님의 심판대 앞에 서게 되지만 하나님의 심판
은 완벽하다. 하나님은 반드시 죄인들을 철저하게 심판하시기 때문에
누구도 하나님 앞에서 변명하거나 자신의 죄를 가감할 수 없다.

모든 사람이 하나님께 자신의 죄를 직고해야 한다. 따라서 우리는 다른 사람의 죄를 걱정하지 말고 자신의 죄를 걱정하고, 자신의 죄를 해결해야 한다.

요즘 사회 각계각층에서 사회운동을 하는 단체와 사람들이 많지만 그들이 좋은 사회가 되도록 아무리 노력을 해도 인간의 죄가 해결되지 않는다. 그렇다고 인간이 누구를 탓할 수도 없는 이유는 본인이 직접 죄를 범했고, 본인이 하나님의 심판을 받아야 하기 때문이다.

사도 요한은 계시록에서 하나님께 심판을 당하는 인간들의 모습을 자세히 소개한다. 결국 각 사람이 죽은 후에 큰 자나 작은 자나 하나님의 보좌 앞에 서서 심판을 받고, 심판을 받은 사람은 모두 지옥 불못에 던져진다. 이미 하나님이 만드신 완전한 복음을 믿은 사람들은 의인이 되어 심판 자체가 면죄가 되기 때문이다.

"또 내가 보니 죽은 자들이 큰 자나 작은 자나 그 보좌 앞에 서 있는데 책들이 펴 있고 또 다른 책이 펴졌으니 곧 생명책이라 죽은 자들이 자기 행위를 따라 책들에 기록된 대로 심판을 받으니 바다가 그 가운데에서 죽은 자들을 내주고 또 사망과 음부도 그 가운데에서 죽은 자들을 내주매 각 사람이 자기의 행위대로 심판을 받고 사망과 음부도 불못에 던져지니 이것은 둘째 사망 곧 불못이라 누구든지 생명책에 기록되지 못한 자는 불못에 던져지더라"(계 20:12-15)

## 그렇다면 누가 심판하실까?

하나님이야말로 의로우신 재판장이다.

그분은 매일 분노하시는 심술이 고약하신 하나님이 아니라 그분은 거룩하신 하나님이시 때문에 죄를 용납하실 수 없어 인간들을 심판하신다. 또한 인간들이 그만큼 끔찍한 죄를 범했기 때문에 인간들을 심판하신다.

"하나님은 의로우신 재판장이심이여 매일 분노하시는 하나님이시로다"(시 7:11)

그러므로 하나님의 진노가 하늘로부터 죄를 범한 인간들에게 나타난다. 인간들이 하나님의 인자하심과 용납하심과 길이 참으심을 멸시하였기 때문이다. 결국은 인간의 회개하지 않는 고집이 심판 날에 임할 하나님의 진노를 쌓고 있다.

"하나님의 진노가 불의로 진리를 막는 사람들의 모든 경건하지 않음과 불의에 대하여 하늘로부터 나타나나니, 혹 네가 하나님의 인자하심이 너를 인도하여 회개하게 하심을 알지 못하여 그의 인자하심과 용납하심과 길이 참으심이 풍성함을 멸시하느냐 다만 네 고집과 회개하지 아니한 마음을 따라 진노의 날 곧 하나님의 의로우신 심판이 나타나는 그 날에 임할 진노를 네게 쌓는도다"(롬 1:18, 2:4-5)

그러므로 죄에 대한 하나님의 태도는 명확하고 분명하기 때문에 심판하신다. 또한 우리 예수님께서는 완전한 복음을 통해 주어지는 구원의 선물을 거부한 사람들이 궁극적으로 받는 최후의 심판을 설명하시기 위해 비유를 들어 말씀하셨다.

"예수께서 그들 앞에 또 비유를 들어 이르시되 천국은 좋은 씨를 제 밭에 뿌린 사람과 같으니 사람들이 잘 때에 그 원수가 와서 곡식 가운데 가라지를 덧뿌리고 갔더니 싹이 나고 결실할 때에 가라지도 보이거늘 집 주인의 종들이 와서 말하되 주여 밭에 좋은 씨를 뿌리지 아니하였나이까 그런데 가라지가 어디서 생겼나이까 주인이 이르되 원수가 이렇게 하였구나 종들이 말하되 그러면 우리가 가서 이것을 뽑기를 원하시나이까 주인이 이르되 가만 두라 가라지를 뽑다가 곡식까지 뽑을까 염려하노라 둘 다 추수 때까지 함께 자라게 두라 추수 때에 내가 추수꾼들에게 말하기를 가라지는 먼저 거두어 불사르게 단으로 묶고 곡식은 모아 내 곳간에 넣으라 하리라"(마 13:24-30)

이 비유는 밭에 좋은 씨를 뿌리는 비유이며, 씨를 뿌리는 사람이 잠든 동안에 그의 적들이 몰래 들어와 잡초를 뿌리고 갔다.

이제 좋은 씨가 싹트고 자라는 동안에 잡초도 함께 자라게 되었다.

이것을 발견한 종들은 잡초를 뽑아 버려야 한다고 주인에게 말하지만 주인은 종들에게 이렇게 말씀한다.

"주인이 이르되 가만 두라 가라지를 뽑다가 곡식까지 뽑을까 염려하노라 둘 다 추수 때까지 함께 자라게 두라 추수 때에 내가 추수꾼들에게 말하기를 가라지는 먼저 거두어 불사르게 단으로 묶고 곡식은 모아 내

곳간에 넣으라 하리라"(마 13:29-30)

우리 예수님께서는 이 비유에 대해 이렇게 설명하셨다.

"대답하여 이르시되 좋은 씨를 뿌리는 이는 인자요 밭은 세상이요 좋은 씨는 천국의 아들들이요 가라지는 악한 자의 아들들이요 가라지를 뿌린 원수는 마귀요 추수 때는 세상 끝이요 추수꾼은 천사들이니 그런즉 가라지를 거두어 불에 사르는 것 같이 세상 끝에도 그러하리라 인자가 그 천사들을 보내리니 그들이 그 나라에서 모든 넘어지게 하는 것과 또 불법을 행하는 자들을 거두어 내어 풀무 불에 던져 넣으리니 거기서 울며 이를 갈게 되리라 그 때에 의인들은 자기 아버지 나라에서 해와 같이 빛나리라 귀 있는 자는 들으라"(마 13:37-43)


그러므로 이 비유에 등장하는 밭은 세상이고, 좋은 씨는 천국의 아들들이고, 잡초는 예수님을 믿지 않는 사람들이다. 그리고 잡초를 뿌린 자는 마귀 사탄이고, 추수 때는 세상이 끝 날이며, 추수하는 자들은 하나님의 천사들이다.

그러므로 우리 예수님께서는 잡초를 거두어 불에 사르는 것같이 세상 끝에도 그러하다고 말씀하셨다(마 13:40).

예수님은 그들의 마지막을 분명하게 설명하셨다.

"인자가 그 천사들을 보내리니 그들이 그 나라에서 모든 넘어지게 하는 것과 또 불법을 행하는 자들을 거두어 내어 풀무 불에 던져 넣으리니 거기서 울며 이를 갈게 되리라"(마 13:41-42)

# 그렇다면 최후의 심판은 언제 있을까?

이 최후의 심판은 시기적으로 마지막 끝에 있는 심판이다. 사탄과 적그리스도와 거짓 선지자가 이미 지옥 불 못에 던져진 후에 최후의 심판이 있다. 그리고 우리 예수님께서 최후의 심판을 진행하신다. 그분은 죄가 전혀 없는 분이기 때문에 공의로 심판을 하신다. 그러므로 우리 예수님께서 자신이 심판자라는 사실을 분명하게 말씀하셨다.

"아버지께서 아무도 심판하지 아니하시고 심판을 다 아들에게 맡기셨으니"(요 5:22)


우리 예수님께서 무엇으로 예수 믿지 않는 사람들을 심판하실까?

사도 요한은 예수 믿지 않고 죽은 자들이, 자신의 행위가 기록된 책들에 따라서 심판을 받는다고 말하고 있다.

"또 내가 보니 죽은 자들이 큰 자나 작은 자나 그 보좌 앞에 서 있는데 책들이 펴 있고 또 다른 책이 펴졌으니 곧 생명책이라 죽은 자들이 자기 행위를 따라 책들에 기록된 대로 심판을 받으니"(계 20:12)

그러므로 우리 하나님께서는 예수님을 믿지 않는 모든 사람들의 모든 행위를 책에 기록하셨다. 이 얼마나 단호한 말씀인가?

"하나님은 모든 행위와 모든 은밀한 일을 선악 간에 심판하시리라"(전 12:14)

그러므로 최후의 심판이 진행될 때에 인간의 모든 행위가 기록된 책들이 펼쳐질 것이다. 예수님을 믿지 않고 죽은 자들은 최후의 심판의 때에 마치 영화를 보듯이 자기의 모든 범죄 행위를 보게 될 것이다.

세상의 법정에서도 범행의 증거로 카메라로 찍은 사진이 제출이 되고, 녹음기로 녹음한 테이프가 제출이 되고, 비디오카메라로 찍은 테이프가 제출이 되는 경우가 있다.

그러므로 죄를 범한 사람들은 자신의 범행을 끝까지 부인하다가 제출된 비디오의 테이프를 보고, 자신의 범행이 드러나서 죄에 대한 대가를 치르는 경우도 있다.

그러므로 최후의 심판의 날에 예수님을 믿지 않은 사람들이 행했던 모든 은밀한 죄들이 드러나게 될 것이다. 아버지는 자기 아내와 가족들 모르게 행한 악한 일들이 드러날 것이다. 아내는 자기 남편 모르게 지었던 모든 죄들이 드러날 것이다. 아들은 자기 부모와 친구들 모르게 지었던 죄들이 드러날 것이다.

자기 자신도 잊고 있었던 모든 죄들이 그날 모두 드러나게 될 것이다. 자신이 지은 죄가 너무도 많아 자신도 놀라 심판하시는 예수님께 아무런 말도 하지 못할 것이다. 이때에는 예수님을 믿지 않는 자들의 행동으로 지은 죄들만 드러나는 것이 아니라 말로 지은 죄들과 마음의 잘못된 모든 생각들과 잘못된 동기가 드러날 것이다.

그날 세상의 법정에서 고소하는 검사를 속인 죄도 들어날 것이다.

자신을 변호하는 변호사를 속인 죄도 드러날 것이다.

자신의 죄에 대한 판결을 내리는 판사를 속인 죄도 드러날 것이다.

자신이 살인을 하고도 확실한 증거가 없어서 죄의 대가를 치르지 않은 살인자의 죄도 드러날 것이다. 부도덕한 아내가 남편 모르게 호텔에서 간음한 죄들도 드러날 것이다. 어떤 죄라도 예수님의 불꽃같은 눈을 속일 수는 없기 때문이다.

그러므로 우리 예수님은 이 점을 분명하게 경고하신다.

"내가 너희에게 이르노니 사람이 무슨 무익한 말을 하든지 심판 날에 이에 대하여 심문을 받으리니"(마 12:36)

그렇다면 최후의 심판을 받으면 어떤 대가를 치르게 될까?

이 최후의 심판에 참여한 사람들은 단 한사람도 빠짐없이 모두 다 지옥으로 들어가게 된다. 그날에는 이미 예수님의 완전한 복음을 믿은 사람들은 모두 하늘나라에 들어가 있기 때문이다.

최후의 심판의 날에는 오직 예수님의 완전한 복음을 거절한 사람들만 심판을 당하게 된다.

그렇다면 최후의 심판 후에 들어갈 지옥이란 어떤 곳일까?


## 지옥은 성경이 증거 한다.

지옥에 관한 모든 것을 알려 주는 유일한 출처는 성경이다.

성경을 떠나서는 인간이 지옥에 대해 도저히 알 수가 없다.

어떤 사람이 지옥을 체험하고 돌아와서 우리에게 말해 주는 것은 도저히 불가능하다. 그곳에서 이곳으로 올 수 있는 길이 없기 때문이다. 지옥은 인간이 만들어낸 이야기가 아니며, 지옥은 분명히 존재하는 곳이며, 성경에서 말하는 문자 그대로의 장소이다.

지옥에 대해 말씀하는 다양한 성경 구절이 있다.

누가복음 16장 24절과 마태복음 5장 22절과 마태복음 13장 41-42, 49-50절과 마태복음 25장 41절과 마태복음 3장 12절과 데살로니가후서 1장 8-9절과 요한계시록 14장 10-11절과 요한계시록 20장 14-15절과 마태복음 5장 29-30절을 차례대로 읽어보자.

"불러 이르되 아버지 아브라함이여 나를 긍휼히 여기사 나사로를 보내어 그 손가락 끝에 물을 찍어 내 혀를 서늘하게 하소서 내가 이 불꽃 가운데서 괴로워하나이다, 나는 너희에게 이르노니 형제에게 노하는 자마다 심판을 받게 되고 형제를 대하여 라가라 하는 자는 공회에 잡혀가게 되고 미련한 놈이라 하는 자는 지옥 불에 들어가게 되리라, 인자가 그 천사들을 보내리니 그들이 그 나라에서 모든 넘어지게 하는 것과 또 불법을 행하는 자들을 거두어 내어 풀무 불에 던져 넣으리니 거기서 울며 이를 갈게 되리라, 세상 끝에도 이러하리라 천사들이 와서 의인 중에서 악인을 갈라 내어 풀무 불에 던져 넣으리니 거기서 울며 이를 갈리라, 또 왼편에 있는 자들에게 이르시되 저주를 받은 자들아 나를 떠나 마귀와 그 사자들을 위하여 예비된 영원한 불에 들어가라, 손에 키를 들고 자기의 타작 마당을 정하게 하사 알곡은 모아 곳간에 들이고 쭉정이는 꺼지지 않는 불에 태우시리라, 하나님을 모르는 자들과 우리 주 예수의 복음에 복종하지 않는 자들에게 형벌을 내리시리니 이런 자들은 주의 얼굴과 그의 힘의 영광을 떠나 영원한 멸망의 형벌을 받으리로다, 그도 하나님의 진노의 포도주를 마시리니 그 진노의 잔에 섞인 것이 없이 부은 포도주라 거룩한 천사들 앞과 어린 양 앞에서 불과 유황으로 고난을 받으리니 그 고난의 연기가 세세토록 올라가리로다 짐승과 그의 우상에게 경배하고 그의 이름 표를 받는 자는 누구든지 밤낮 쉼을 얻지 못하리라 하더라, 사망과 음부도 불못에 던져지니 이것은 둘째 사망 곧 불못이라 누구든지 생명책에 기록되지 못한 자는 불못에 던져지더라, 만일 네 오른 눈이 너로 실족하게 하거든 빼어 내버리라 네 백체 중 하나가 없어지고 온 몸이 지옥에 던져지지 않는 것이 유익하며 또한 만일 네 오른손이 너로 실족하게 하거든 찍어 내버리라 네 백체 중 하나가 없어지고 온 몸이 지옥에 던져지지 않는 것이 유익하니라"

이 말씀들은 지옥과 관련된 많은 단어들을 소개한다.

지옥은 영원히 고통을 당하는 곳, 어두운 곳, 슬피 울며 이를 가는 곳, 구더기도 죽지 않는 곳, 불꽃가운데서 괴로워하는 곳, 불도 꺼지지 아니하는 곳, 목마름의 고통을 당하는 곳, 고난의 연기가 세세토록 올라가는 곳, 무서운 공포를 느끼는 곳, 하나님으로부터 밖으로 추방되는 곳, 밤낮 괴로움을 당하는 곳이다.

## 지옥은 밤낮 괴로움을 당하여 불면증이 계속되는 곳이다.

"세세토록 밤낮 괴로움을 받으리라"(계 20:10)

잠을 자지 못하는 불면증의 고통을 이해할 수 있을까?

아무리 눈을 감고 잠을 자기 위해 노력을 해도 도저히 잠을 이울 수 없는 고통은 상상할 수 없는 잔인한 고통이다.

그래서 죄를 범한 사람이 검찰청에 끌려가 잠을 제우지 않고 계속 조사를 받는 것을 견디지 못해 결국 자신의 죄를 자백하고 마는 것이다.

# 지옥은 끝없는 절망만 계속되는 곳이다.

지옥에 들어간 사람들이 영원토록 극심한 고통을 당하는 것을 견딜 수 있을까? 도저히 견딜 수 없지만 그래도 다른 방법이 없으니 견디어내야 한다. 어떤 사람이 그렇게 힘든 지옥생활을 만년을 견디어 냈다면 대단한 인내라고 칭찬할 수 있을까?

그 사람이 만년을 견디어 냈다면 그곳에서 풀려날 희망이 있을까?

아무리 수 만년을 견디어 낸다고 하더라도 그곳에서 풀려날 한 가닥의 희망도 없기 때문에 지옥에서는 끊임없는 절망만 계속되는 곳이다.


# 지옥은 저주만 가득한 곳이다.

지옥에 들어간 사람들에게 가장 적절한 호칭이 있다면 어떤 호칭이 가장 잘 어울리는 호칭일까? 우리 예수님께서는 지옥에 들어간 사람들을 저주를 받은 자들이라고 부르셨다.

"또 왼편에 있는 자들에게 이르시되 저주를 받은 자들아 나를 떠나 마귀와 그 사자들을 위하여 예비된 영원한 불에 들어가라"(마 25:41)

그들에게는 모든 좋은 것들이 단 하나도 주어지지 않는다.

그들은 안전한 안에 있는 것이 아니라 어두운 바깥쪽에 있다.

그들은 빛 되신 예수님과 함께 할 수 없다.

그래서 예수님을 '나를 떠나라'고 명령하셨다.

사실 이 세상에서는 비록 하나님을 믿지 않는 사람들이라도 하나님이 창조한 좋은 것들을 마음껏 누리며 살았었다.

그들은 하나님을 믿지 않음에도 불구하고 하나님께서 창조하신 지구에 살았으며, 하나님께 만드신 아름다운 채소와 과일들과 곡식들과 물고기들과 고기들을 먹을 수 있었다.

그들은 빛나는 태양도 즐길 수 있었고, 아름다운경치와 맑은 공기와 갈증을 해소하는 시원한 물과 관계가운데 이루어지는 사랑을 경험할 수 있었다. 하지만 지옥에는 그러한 것들이 하나도 없다.

그들은 단지 슬퍼서 울부짖을 뿐이고, 고통을 참을 수 없어서 이를 갈 뿐이다. 그들은 단 한 방울의 물이라도 맛볼 수가 없는 것이다.

그래서 그들은 저주를 받은 자들이다.


## 지옥은 무서운 공포가 지속되는 곳이다.

그러므로 히브리서 기자는 저주받은 자들을 태울 맹렬한 불이 얼마나 무서운 공포가 되는지와 그 형벌이 얼마나 더 무겁겠느냐 라고 말하며, 살아계신 하나님의 손에 빠져 들어가는 것이 얼마나 무서운지를 설명하고 있다.

"오직 무서운 마음으로 심판을 기다리는 것과 대적하는 자를 태울 맹렬한 불만 있으리라 모세의 법을 폐한 자도 두세 증인으로 말미암아 불쌍히 여김을 받지 못하고 죽었거든 하물며 하나님의 아들을 짓밟고 자기를 거룩하게 한 언약의 피를 부정한 것으로 여기고 은혜의 성령을 욕되게 하는 자가 당연히 받을 형벌은 얼마나 더 무겁겠느냐 너희는 생각하라 원수 갚는 것이 내게 있으니 내가 갚으리라 하시고 또 다시 주께서 그의 백성을 심판하리라 말씀하신 것을 우리가 아노니 살아 계신 하나님의 손에 빠져 들어가는 것이 무서울진저"(히 10:27-31)

저주받은 자들은 지옥에서 너무나 무서워 계속해서 비명만 질러 될 것이다. 그러므로 무서운 공포를 참지 못하는 여자들은 절대로 지옥에 들어가지 말아야 할 것이다.

7년 대 환난 기간에도 수많은 사람들이 하나님의 진노의 심판이 너무나 무서워 산들과 바위가 자신들 위에 떨어져 하나님의 진노를 가리게 해달라고 말하기까지 했던 것이다.

그러므로 지옥은 무서운 공포의 현장이 될 것이다.

"땅의 임금들과 왕족들과 장군들과 부자들과 강한 자들과 모든 종과 자유인이 굴과 산들의 바위 틈에 숨어 산들과 바위에게 말하되 우리 위에 떨어져 보좌에 앉으신 이의 얼굴에서와 그 어린 양의 진노에서 우리를 가리라 그들의 진노의 큰 날이 이르렀으니 누가 능히 서리요 하더라"(계 6:15-17)


## 지옥은 끝없는 슬픔만 지속되는 곳이다.

아무리 찾아봐도 좋은 것들은 하나도 없고, 마귀 사탄과 적그리스도와 거짓 선지자와 더러운 악령들과 수많은 죄인들만 득실거릴 뿐이다. 자신을 위로해줄 노래나 음악도 없고, 예술도 없고, 맛있게 먹을 수 있는 외식도 없고, 사랑스러운 친구도 없고, 낭만 있는 데이트도 없고, 자신의 어깨를 주물러 줄 어느 누구도 없다.

모든 좋은 것은 단 하나도 없다.

그래서 저주를 받은 자들로서 끝없는 슬픔 때문에 계속해서 울고 또 울고 또 울어 눈물만 흘리는 곳이 바로 지옥이다.

무서운 고통을 도저히 견딜 수 없어 울부짖을 것이다.

## 지옥은 구더기와 벌레들에게까지 괴로움을 당하는 곳이다.

"거기에서는 구더기도 죽지 않고 불도 꺼지지 아니하느니라"(막 9:48)

지옥에 있는 구더기는 죽지도 아니하니 얼마나 크고 징그러울까?

그런 구더기가 자신의 몸을 갈아 먹을 때 느끼는 고통은 어떠할까?

성경은 지옥에 대해 너무도 중요하게 다루고 있다.

신약은 27권으로 장수는 264장이지만 그 중에서 심판과 영원한 형벌의 장소에 관하여 무려 234번이나 말씀하고 있다.

성경은 지옥에 대해 몇 구절을 인용해서 설명하는 것이 아니라 거대한 분량을 사용해서 무게 있게 다루고 있다.

성경은 하늘나라보다도 지옥에 대해 훨씬 더 많이 다루고 있다.

따라서 우리는 성경을 통해 지옥에 관한 많은 정보들을 얻을 수 있다.

그러므로 지옥이 없다면 성경은 하나님의 말씀이 아니며, 예수님도 우리 인생의 주인이 될 수 없는 이유는 예수님께서 지옥에 대해 무게 있게 말씀하고 있기 때문이다. 그러므로 사랑과 친절을 설교하신 예수님께서는 분명하게 말씀하셨다.

"내가 내 친구 너희에게 말하노니 몸을 죽이고 그 후에는 능히 더 못하는 자들을 두려워하지 말라 마땅히 두려워할 자를 내가 너희에게 보이리니 곧 죽인 후에 또한 지옥에 던져 넣는 권세 있는 그를 두려워하라 내가 참으로 너희에게 이르노니 그를 두려워하라"(눅 12:4-5)

따라서 우리는 몸을 죽이겠다고 위협하는 사람들을 두려워하지 말고, 우리의 몸이 죽은 후에 지옥에 던져 넣을 권세를 가지신 하나님을 두려워해야 한다.


## 지옥은 우리에게 너무나 가까운 곳에 있다.

마귀 사탄은 에덴동산에 처음 나타난 이래로 지금까지 사람들이 하나님의 말씀을 믿지 못하도록 속이며, 하나님의 말씀마다 도전하고 있다. 창세기 초반부에서 사탄은 아담과 하와로 하여금 하나님의 말씀을 믿지 못하도록 유혹을 하였다.

마귀 사탄은 이제 사람들에게 지옥이 없다고 거짓말을 한다.

사탄은 지옥이란 단지 무덤일 뿐이며, 지옥은 실제로 고통을 당하는 장소가 아니라고 거짓말을 한다.

사탄은 때때로 지옥에 있는 사람들이 구원받을 수 있는 다른 기회가 있다고 주장한다.

그러므로 많은 사람들은 지옥은 자신과 아무런 관련이 없으며, 자신에게서 멀리 떨어져 있다고 생각한다. 하지만 지옥은 우리와 아무런 관련이 없는 내용이 아니다. 지옥은 바로 나와 아주 밀접하게 관련되어 있으며, 바로 나의 문제이다.

왜냐하면 우리는 모두 죄를 범한 죄인들이며, 우리는 반드시 죄에 대가로 죽을 것이며, 우리가 죽은 후에는 심판을 받고, 우리가 범한 죄의 대가로 지옥에 들어갈 사람들이기 때문이다.

그러므로 우리가 죽으면 그 즉시 지옥에 들어가기 때문에 지옥은 멀리 떨어져 있는 것이 아니라 지옥은 우리에게 너무나 가까이 있다.

뿐만 아니라 지옥을 피할 길이 여러 가지 다양한 방법이 있는 것이 아니라 오직 하나밖에 없기 때문이다. 지옥을 피할 다양한 방법들이 있어서 누구든지 그 다양한 방법들 가운데 하나를 선택하면 지옥을 피할 수 있다면 좋겠지만 지옥을 피할 수 있는 방법은 오직 하나 하나님께서 만드신 완전한 복음만이 유일한 탈출구다.

하지만 너무도 많은 사람들이 지옥에 대해 너무 가볍게 생각하고 있다. 자신과는 아무런 상관이 없는 것처럼, 먼 나라의 일인 것처럼, 다른 사람이 겪어야할 일인 것처럼 생각하지만 바로 내가 죄인이며, 바로 내가 죽을 것이며, 바로 내가 심판을 받을 것이며, 바로 내가 지옥에 떨어질 것이니 다른 사람을 신경 쓰지 말고, 바로 내 죄와 내 문제를 해결해야 내가 지옥에 들어가지 않을 수 있다.

많은 사람들이 지옥을 장난으로 여기며, 농담으로 여기지만 지옥은 결코 장난이 아니며, 지옥은 내가 당할 실제상황이다.


## 지옥은 실제 장소이다.

너무도 많은 사람들이 지옥을 실제 장소가 아니라 상징적인 것으로 간주하려 한다. 사람들은 인생의 어려움을 만나 깊은 계곡을 통과할 때 지옥을 경험하고 있다고 생각한다. 그러므로 지옥은 실제의 장소가 아니라 삶의 슬픔과 고통을 통과할 때 겪는 어려움이라고 생각한다. 그리고 실제로 존재하는 지옥은 없다고 생각한다.

하지만 지옥은 하나님이 만드신 실제의 공간이며 장소이다.

그래서 성경은 장소를 나타내는 '고통을 받는 곳, 바깥 어두운 곳'이라고 표현하고 있다.

사도 요한은 지옥을 '불과 유황으로 타는 못'으로 소개했는데 이 장소는 신약 성경의 원어인 헬라어로 '게헨나(Gehenna)'라고 부른다.

이 단어는 신약에서 하나님과 복음을 거절한 자들의 영원한 거처를 가리키는 말로 예수님께서 11번이나 사용하셨다.

"그러나 두려워하는 자들과 믿지 아니하는 자들과 흉악한 자들과 살인자들과 음행하는 자들과 점술가들과 우상 숭배자들과 거짓말하는 모든 자들은 불과 유황으로 타는 못에 던져지리니 이것이 둘째 사망이라"(계 21:8)

그런가하면 야고보가 사용한 '지옥 불'도 '게헨나'라는 단어가 사용되었다.

"혀는 곧 불이요 불의의 세계라 혀는 우리 지체 중에서 온 몸을 더럽히고 삶의 수레바퀴를 불사르나니 그 사르는 것이 지옥 불에서 나느니라"(약 3:6)

그러므로 '게헨나'라는 말은 '힌놈의 계곡'이라는 히브리어에 그 어원을 두고 있으며, 힌놈의 계곡은 예루살렘밖에 있는 곳으로, 국가에 반역한 자들을 빠뜨리는 장소였다. 이 힌놈의 계곡의 특징은 쓰레기나 동물의 사체나 동물의 내장 등을 계속해서 밤낮 태우므로 불이 그곳에서 계속 타오르고 있었다.

많은 사람들이 이것을 지옥의 완벽한 특징이라고 보았다.

그러므로 지옥은 하나님을 거부하고, 예수님의 복음을 믿지 않는 자들이 거하는 분명한 장소이다.

예수님이 지옥이 없는데 힌놈 골짜기에서 지옥을 만들어 낸 것이 아니라 실제로 존재하는 지옥을 그 당시 이스라엘 사람들이 가장 잘 이해할 수 있도록 힌놈의 계곡을 통해 설명하신 것이다.

근본적으로 지옥은 하나님으로부터 영원히 분리된 상태이며, 둘째 사망으로서 모든 밝고, 즐겁고, 좋고, 행복하고, 의로운 실재로부터 영원히 분리되는 장소이다.


## 지옥은 영원토록 형벌을 받는 장소이다.

지옥은 불에 의한 고통을 당하는 곳이다.

사람들이 이 땅에서 불로 화상을 입고 고통을 당하는 경우가 있는데 그 시간적인 기간은 겨우 얼마 되지 않는다. 잠시 뜨거운 불이나 물에 노출되었는데 얼마나 쓰라린 고통을 겪는가? 단지 몇 시간 불에 노출되어 있었는데도 불구하고 끔찍한 흉터와 함께 지속적으로 고통을 겪어야 한다.

그렇다면 지옥은 얼마나 뜨거운 곳일까?

누가복음 16장에서 지옥에 들어간 부자는 불꽃 가운데서 괴로워하고 있으며, 겨우 물 한방을 요구했었다.

지옥이 왜 하필이면 불이 타는 못일까?

불은 인간의 무엇과 연결되는가?

불은 인간이 당하는 고통과 연관이 있다.

이 세상에서도 도저히 참을 수 없는 통증들이 있다.

두통, 치통, 복통, 요통, 월경통, 담석으로 인한 통증, 요로결석에 의한 통증, 대상포진으로 인한 통증, 암으로 인한 통증, 신경손상 후 겪는 탈감각 통증, 뼈가 부러져서 겪는 통증 등 당양한 통증들이 존재한다.

하지만 이 세상에서는 마취제가 개발되어 있고 진통제가 있다.

두통이 있을 때에도 두통약을 먹으면 통증이 다 사라져 버린다.

하지만 지옥에는 어떤 종류의 마취제나 진통제가 존재하지 않는다.

그러므로 계속해서, 계속해서, 끊임없이, 끊임없이, 영원토록 그러한 통증과 고통을 겪어야 하는 것이다.

또한 지옥은 빛 되신 하나님으로부터 추방되어 어두운 곳에서 살아야 한다. 아주 깜깜한 흑암 속에서 살아야 한다.

얼마나 고통스러우면 슬피 울며 이를 갈겠는가?

"바깥 어두운 데 쫓겨나 거기서 울며 이를 갈게 되리라"(마 8:12)

"풀무 불에 던져 넣으리니 거기서 울며 이를 갈게 되리라"(마 13:42)

"그 손발을 묶어 바깥 어두운 데에 내던지라 거기서 슬피 울며 이를 갈게 되리라"(마 22:13)

그런데 이 모든 고통이 영원히 지속된다.

영원한 불 속에서 영원한 형벌을 당해야 한다.

지옥의 불은 영원히 꺼지지 않는 불이다.

제한된 인생을 살아가는 우리가 과연 영원한 기간을 이해할 수 있을까? 우리는 무엇으로 영원한 지옥의 고통을 표현할 수 있을까?

여기서 영원이란 시작과 끝이 없는 시간이기 때문에 지옥에 들어간 사람은 꺼지지 않는 불 속에서 영원토록 지내야 한다.

그렇다면 지옥에 들어간 사람들이 어떻게 지옥에서 영원토록 지낼 수 있을까? 우리는 상상할 수도 없는 일이다.

그러므로 우리 예수님께서도 지옥에 대해 분명하게 경고하셨다.

"만일 네 손이 너를 범죄하게 하거든 찍어버리라 장애인으로 영생에 들어가는 것이 두 손을 가지고 지옥 곧 꺼지지 않는 불에 들어가는 것보다 나으니라 만일 네 발이 너를 범죄하게 하거든 찍어버리라 다리 저는 자로 영생에 들어가는 것이 두 발을 가지고 지옥에 던져지는 것보다 나으니라 만일 네 눈이 너를 범죄하게 하거든 빼버리라 한 눈으로 하나님의 나라에 들어가는 것이 두 눈을 가지고 지옥에 던져지는 것보다 나으니라 거기에서는 구더기도 죽지 않고 불도 꺼지지 아니하느니라 사람마다 불로써 소금 치듯 함을 받으리라"(막 9:43-49)

그렇다면 우리 예수님께서 지옥에 대해 이렇게 말씀하신 목적이 무엇일까? 의도가 무엇일까?

지옥이 없는데 그냥 상징으로 말한 것일까?

우리는 예수님께서 하신 말씀을 어떻게 이해해야 할까?

과연 우리 예수님은 어떤 마음으로 이 말씀을 하셨을까?

우리가 이 말씀을 주의 깊게 살펴보면 예수님의 마음을 읽을 수 있는데, 예수님은 우리 인간들에게 '지옥은 인간이 갈 곳이 못된다.'라고 말씀하시는 것이다. 어떠한 희생을 치르더라도 지옥만은 절대로 가지 말라고 말씀하시는 것이다.

우리가 손을 찍어 버리고, 발을 찍어 버리고, 눈을 빼어 버리고 지옥에 들어가지 않을 수 있다면 그렇게 하라는 뜻이다. 지옥에서 견딜 수 있는 인간의 몸은 없기 때문에 어떠한 희생을 치르더라도 '지옥만은 가지 말라'고 경고하시는 것이다.

여기서 예수님은 '지옥은 불이 꺼지지 않는 장소'라고 분명하게 말씀하셨다. 사람들은 지옥의 불이 문자 그대로 꺼지지 않는 불일까 하고 의심하지만 지옥의 불은 예수님께서 말씀하신 그대로 꺼지지 않는 불이다. 왜냐하면 그 불길에 영향을 받는 결과가 실제의 불의 결과와 같기 때문이다.

"불러 이르되 아버지 아브라함이여 나를 긍휼히 여기사 나사로를 보내어 그 손가락 끝에 물을 찍어 내 혀를 서늘하게 하소서 내가 이 불꽃 가운데서 괴로워하나이다"(눅 16:24)

지옥이 실제의 불이 아니라면 왜 부자는 자신의 혀를 서늘하게 하기 위해 물을 요구했을까?

지옥에서 벌레도 죽지 않는 이유는 성경이 지옥에서는 구더기도 죽지 않는다고 말했기 때문이다.

성경학자들은 '힌놈 골짜기'가 예수님이 영원한 지옥 불의 상징으로 사용하신 힌놈 계곡의 가장 낮은 곳이라고 믿었다. 이 계곡은 짐승의 시체가 계속 버려져 늘 습기가 많이 찬 곳이었다. 시체 위에는 항상 벌레가 기어 다녔고, 때때로 불이 그것들을 태웠다.

그래서 지옥은 사람도 영원히 죽지 않고, 불도 영원히 꺼지지 않는 곳이다. 마태복음에서 지옥을 '영영한 불과 영벌'이라고 말한다.

"또 왼편에 있는 자들에게 이르시되 저주를 받은 자들아 나를 떠나 마귀와 그 사자들을 위하여 예비된 영원한 불에 들어가라, 그들은 영벌에, 의인들은 영생에 들어가리라 하시니라"(마 25:41, 46)

사도 바울은 하나님을 모르는 자들과 예수님의 완전한 복음에 복종하지 않는 자들에게 하나님께서 형벌을 내리실 때, 이런 자들은 주의 얼굴과 그의 힘의 영광을 떠나 영원한 멸망의 형벌을 받게 된다고 말했다.

"환난을 받는 너희에게는 우리와 함께 안식으로 갚으시는 것이 하나님의 공의시니 주 예수께서 자기의 능력의 천사들과 함께 하늘로부터 불꽃 가운데에 나타나실 때에 하나님을 모르는 자들과 우리 주 예수의 복음에 복종하지 않는 자들에게 형벌을 내리시리니 이런 자들은 주의 얼굴과 그의 힘의 영광을 떠나 영원한 멸망의 형벌을 받으리로다"(살후 1:7-9)

사도 요한은 계시록에서 지옥은 밤낮 쉼을 얻지 못하고, 고난을 세세토록 받아서, 고난의 연기가 세세토록 올라간다고 말한다.

그러므로 지옥은 영원한 고통의 장소다.

"그도 하나님의 진노의 포도주를 마시리니 그 진노의 잔에 섞인 것이 없이 부은 포도주라 거룩한 천사들 앞과 어린 양 앞에서 불과 유황으로 고난을 받으리니 그 고난의 연기가 세세토록 올라가리로다 짐승과 그의 우상에게 경배하고 그의 이름 표를 받는 자는 누구든지 밤낮 쉼을 얻지 못하리라 하더라"(계 14:10-11)

## 지옥은 필요한 장소일까?

사실 우리 하나님께서는 사랑의 하나님이시다.

그 사랑의 하나님께서 과연 무서운 지옥을 만들어 놓고, 사람들을 그곳으로 보내시는 분일까? 하지만 지옥은 반드시 필요한 장소다.

사실 이 세상에서도 우리는 준법자들과 범죄자들을 갈라놓는다.

우리는 법률을 지키는 사람들의 안전과 보호를 위해서 범죄자들을 감옥에 보내어 그들을 갈라놓는다. 만일 모든 형무소의 문들을 다 열어 놓는다면, 그래서 감금된 모든 죄수들이 풀려 나온다면, 우리의 생명과 재산은 안전하게 보호되지 못할 것이다.

우리는 법을 지키는 시민들로부터 법을 어기는 사람들을 분리하여 수용할 장소가 절대적으로 필요하다.

마찬가지로 지옥은 우주의 형무소로서 하나님의 법을 저버리고 하나님의 아들 예수님을 배척하고 하나님이 만드신 완전한 복음에 순종하지 않았던 사람들이 구원받은 성도들로부터 영원히 분리되어 지내는 곳이다.

또한 우리는 이 세상에서 정신 이상자들을 정신이 온전한 자들로부터 분리시켜 갈라놓는다. 만일 정신 이상자들을 분리시키지 않는다면 우리의 생명은 위협을 받을 것이다. 마찬가지로 지옥은 우주의 정신 이상자들을 소용하는 장소이다. 구원받고 예수님을 마음에 모시고 예수님의 인격과 성품을 본받는 성도들로부터 분리시키는 곳이다.

또한 우리는 이 세상에서 살아 있는 사람과 죽은 사람을 갈라놓는다. 아무리 사랑하는 사람이라도 그 사람이 죽으면 그 시체를 계속 방안에 둘 수는 없다. 만약 시체를 그대로 둔다면 방안은 불쾌하고 비위생적이어서 살아 있는 사람을 건강하고 안전하게 보호할 수 없을 것이다.

그러므로 지옥은 우주의 공동묘지와 같다.

그곳은 죄와 허물로 죽은 자들을 그리스도 안에서 예수 믿고 구원받아 새 생명으로 살아난 성도들로부터 분리시켜 놓는 곳이다. 하지만 이 모든 것은 하나님의 사랑을 거절한 죄 때문에 분리되어 지옥에 들어가는 것이다. 만일 우리가 하나님의 사랑을 거절한다면 우리에게 재앙이 내리고 두려움이 임할 때 우리 하나님은 우리를 비웃을 것이다.

성경은 이 점을 분명하게 말씀한다.

"너희가 재앙을 만날 때에 내가 웃을 것이며 너희에게 두려움이 임할 때에 내가 비웃으리라 너희의 두려움이 광풍 같이 임하겠고 너희의 재앙이 폭풍 같이 이르겠고 너희에게 근심과 슬픔이 임하리니 그 때에 너희가 나를 부르리라 그래도 내가 대답하지 아니하겠고 부지런히 나를 찾으리라 그래도 나를 만나지 못하리니 대저 너희가 지식을 미워하며 여호와 경외하기를 즐거워하지 아니하며 나의 교훈을 받지 아니하고 나의 모든 책망을 업신여겼음이니라 그러므로 자기 행위의 열매를 먹으며 자기 꾀에 배부르리라"(잠 1:26-31)

참으로 하나님은 사랑의 하나님이시다.

하지만 우리는 그분이 참고 기다리시는 동안만 거절할 수 있다.

그러므로 하나님께서 사랑으로 말씀하실 때 믿지 않으면 심판의 엄중한 꾸중을 들어야 한다. 하나님의 사랑을 거절한 사람은 나중에 아무리 부르짖고 구원을 요청해도, 하나님은 절대로 대답하시지 않으시고, 만나 주시지도 않으신다. 결국 하나님을 부인했기 때문에 그 대가로 지옥에서 저주를 받을 것이다.


## 인간이 죽으면 즉시 지옥에 들어간다.

예수님은 누가복음 16장 19-31절에서 한 부자가 실제로 지옥에 들어가서 고통을 당하는 모습을 설명하셨다.

이것은 분명히 한 사람의 사생활과 그의 죽음과 죽음 후에 있는 지옥 생활에 대해 말씀하신 내용이다.

그렇다면 우리는 누가복음 16장에서 지옥에 대해 어떤 교훈을 배울 수 있을까?

첫째로 사람이 죽으면 그 즉시 지옥에 들어간다는 교훈이다.

그러므로 사람이 죽으면 그 즉시 이 세상에서 저 세상으로 가기 때문에 중간은 없고 더더욱 연옥도 없다. 예수님을 믿는 우리가 죽으면 즉시 세상을 떠나 하나님 앞으로 가게 된다. 사도 바울은 이 점을 명확하게 밝히고 있다.

"우리가 담대하여 원하는 바는 차라리 몸을 떠나 주와 함께 있는 그것이라"(고후 5:8)

하지만 구원받지 못한 사람은 죽으면 그 즉시 지옥으로 들어가며, 고통과 재앙 속으로 들어간다.

누가복음 16장에 나오는 나사로가 죽었을 때 그 즉시 천사들에게 받들려 아브라함의 품에 들어갔지만 부자가 죽었을 때 그 즉시 음부에 들어갔다.

"부자도 죽어 장사되매 저가 음부에서 고통 중에"(눅 16:22-23)

그러므로 부자의 화려한 장례식도 자신에게는 아무런 도움이 되지 못했다. 거지 나사로는 장사를 지냈다는 기록이 없어 아마 가마니에 둘둘 말아서 버렸는지도 모른다. 그러나 부자는 분명히 화려한 장례를 치렀을 것이다. 수많은 사람들이 참여하고, 화려한 장식을 꾸미고, 아주 거창한 장례를 치렀다하더라도 그는 즉시 지옥과 고통 속으로 들어갔다.


둘째로 인간이 죽은 후에도 지옥에서 모든 의식기능이 지속된다는 교훈이다.

지옥에 들어간 부자는 죽은 후에도 볼 수 있었고, 말할 수 있었고, 울수 있었고, 고통을 느낄 수도 있었고, 기억할 수도 있었다.

아브라함은 그에게 세상에서 살아갈 때 있었던 좋은 것들을 기억하라고 말한다.

"아브라함이 이르되 얘 너는 살았을 때에 좋은 것을 받았고 나사로는 고난을 받았으니 이것을 기억하라 이제 그는 여기서 위로를 받고 너는 괴로움을 받느니라"(눅 16:25)

그러므로 부자는 과거에 다른 사람들에게 들었던 복음을 거절한 것이 기억이 나서 후회할 것이다. 어떤 사람이 지옥에 들어가면 그 사람은 여러 가지를 기억할 수 있다. 자신의 집 가까운 곳에 교회가 있어 언제라도 교회에 나가 예수님을 믿을 수 있었다는 것을 기억할 것이다. 그 사람에게도 예수 믿는 친구가 있어 그가 전도했을 때 복음을 거절했던 일이 생각날 것이다. 가까운 곳에 기독교 서점이 있어 얼마든지 복음 서적을 통해 믿을 수도 있었다는 것도 기억할 것이다.

그리고 자신의 집에 성경책이 있어 자세히 읽고 공부했더라면 구원을 받을 수 있었다는 것을 기억할 것이다.

누가복음 16장에서 부자는 자기 집에 있는 형제들을 기억했다.

그래서 그는 아브라함에게 자기 집 앞에서 구걸했던 나사로를 보내어 자기 형제들에게 전도해서 이 고통 받는 지옥에 오지 않게 해달라고 간청한다.

"이르되 그러면 아버지여 구하노니 나사로를 내 아버지의 집에 보내소서 내 형제 다섯이 있으니 그들에게 증언하게 하여 그들로 이 고통 받는 곳에 오지 않게 하소서"(눅 16:27-28)

사도행전 26장에서 아그립바 왕은 그 당시에 복음의 전문가였던 바울에게 복음을 들었지만 그는 마지막 결단의 시기에 복음을 거절하였다.

"왕께서는 이 일을 아시기로 내가 왕께 담대히 말하노니 이 일에 하나라도 아시지 못함이 없는 줄 믿나이다 이 일은 한쪽 구석에서 행한 것이 아니니이다 아그립바 왕이여 선지자를 믿으시나이까 믿으시는 줄 아나이다 아그립바가 바울에게 이르되 네가 적은 말로 나를 권하여 그리스도인이 되게 하려 하는도다 바울이 이르되 말이 적으나 많으나 당신뿐만 아니라 오늘 내 말을 듣는 모든 사람도 다 이렇게 결박된 것 외에는 나와 같이 되기를 하나님께 원하나이다 하니라"(행 26:26-29)

그러므로 아그립바 왕은 거의 믿을 뻔했던 사람이다.

바울은 자신이 어떻게 예수를 만나 구원받았는지 간증을 하며 복음을 전했다. 그러므로 아그립바 왕은 지옥에 들어가 바울에게 완전한 복음을 들었던 때가 기억이 나서 괴로워할 것이다.

그러므로 지옥은 의식기능이 지속되는 곳이다.


셋째로 인간이 죽은 후에는 다시 제2의 기회란 없다는 교훈이다.

누가복음 16장에서 지옥에 들어간 부자는 한 가지 소원이 있었는데, 그것은 자신의 목마름의 고통을 해결하기 위해 아브라함에게 물을 요청했던 것이다.

"불러 이르되 아버지 아브라함이여 나를 긍휼히 여기사 나사로를 보내어 그 손가락 끝에 물을 찍어 내 혀를 서늘하게 하소서 내가 이 불꽃 가운데서 괴로워하나이다 아브라함이 이르되 얘 너는 살았을 때에 좋은 것을 받았고 나사로는 고난을 받았으니 이것을 기억하라 이제 그는 여기서 위로를 받고 너는 괴로움을 받느니라"(눅 16:24-25)

우리의 손가락 끝에 물을 찍으면 물이 얼마나 될까?

겨우 한두 방울의 물인데 지옥에 들어간 부자는 지옥의 불이 얼마나 뜨겁고, 갈증이 심했으면 그렇게 작은 물을 요구했을까?

부자는 지금 불꽃 가운데서 고통을 당하고 있다.

이 얼마나 비참하고 기가 막힌 일인가?

그는 이 세상에 있을 때 날마다 호화로운 잔치를 벌이고 즐겼던 사람이었지만 지금은 목마름의 고통을 당하고 있다.

"한 부자가 있어 자색 옷과 고운 베옷을 입고 날마다 호화롭게 즐기더라"(눅 16:19)

그는 이 세상에서 나사로를 배부르게 먹인 적이 있어서 그것을 생각하고 나사로를 보내어 물을 달라고 요구했을지도 모른다. 비록 세상에서 그가 나사로를 잘 보살펴 주었더라도 지금은 아무런 소용이 없다. 지옥과 천국의 사이에는 큰 구렁의 엄청난 간격이 있어 천국에서 그곳으로 갈 수 없기 때문이다.

"그뿐 아니라 너희와 우리 사이에 큰 구렁텅이가 놓여 있어 여기서 너희에게 건너가고자 하되 갈 수 없고 거기서 우리에게 건너올 수도 없게 하였느니라"(눅 16:26)


그렇다면 누가 큰 간격을 만들었을까?

우리 하나님께서 만들었을까?

결코 아니다.

그 큰 간격을 만든 것은 인간이었다.

우리 인간이 처음부터 하나님과 인간 사이에 간격을 만들었다.

하나님은 사람들을 긍휼히 여기시고 다시 십자가를 통해 인간이 하나님께 건너올 수 있는 구원의 길을 마련하셨고, 구원의 다리를 마련하셔서 건너올 수 있게 하셨지만 세상에서 하나님이 만드신 완전한 복음과 그 사랑을 거절했기 때문에 지금도 예수 믿지 않는 사람들이 지옥에 들어가는 것이다.

그 큰 구렁은 인간이 스스로 만든 것이다.

그러므로 인간이 죽은 후에 제2의 기회란 없다.

사람이 죽은 후에 그 사람을 위해 화려한 장례 의식이 거행이 되고, 유명한 목사나 신부가 그 장례의식을 인도해도, 수많은 사람들이 기도를 수없이 드려도, 엄청난 액수의 헌금을 드려도, 그 사람이 지옥에서 다시 천국으로 갈 수 있는 길은 없다.

그러므로 우리 인간이 죽으면 더 이상의 기회란 없다.

오직 이 세상에서만 기회가 있을 따름이다.

인간이 죽으면 살아 있는 사람과 의사소통을 할 수 없다.


넷째로 죽은 사람과 살아 있는 사람이 의사소통을 할 수 없다는 교훈이다.

세상에는 점을 치는 무당들이 많이 있다.

그들이 무당이 되려면 그들에게 신이 내려야 하고, 자기 조상 중에 어떤 사람이 알려 주기 때문에 사람들의 일들을 척척 알아맞힌다고 장담한다. 그러나 그것은 거짓말이다. 죽은 사람과 살아 있는 사람 사이에 의사소통이 불가능하기 때문이다. 무당과 관계된 것은 귀신들의 장난이다. 인간이 죽어서 그 영혼이 귀신이 되는 것이 아니라 루시퍼가 타락하여 마귀 사탄이 될 때 그와 함께 타락한 천사들이 귀신들이 되었다. 귀신들은 사람들을 자기 손아귀에 넣고, 인간들을 다스리려고, 인간들을 속이고 있다.

분명히 이 부자는 고통 받는 지옥에 있으면서 자기 형제들에게 이 고통 받는 곳에 오지 말라고 말할 수가 없었다.

그러므로 아브라함은 나사로도 보낼 수 없다고 분명하게 말한다.

그러므로 하나님이 만드신 완전한 복음을 전하는 전도는 죽은 사람을 살려 보내서 그들이 전하는 것이 아니라 모세와 선지자들에게 들으라고 말한다. 여기서 말하는 '모세와 선지자'는 성경을 지칭하고 있기 때문에 하나님의 말씀으로 완전한 복음을 들어야 한다.

바로 오늘날의 교회와 구원받은 하나님의 자녀들의 전도를 통해 하나님의 말씀을 들어야 한다. 그러므로 아브라함은 단호하게 거절한다.

"이르되 그러면 아버지여 구하노니 나사로를 내 아버지의 집에 보내소서 내 형제 다섯이 있으니 그들에게 증언하게 하여 그들로 이 고통 받는 곳에 오지 않게 하소서 아브라함이 이르되 그들에게 모세와 선지자들이 있으니 그들에게 들을지니라 이르되 그렇지 아니하니이다 아버지 아브라함이여 만일 죽은 자에게서 그들에게 가는 자가 있으면 회개하리이다 이르되 모세와 선지자들에게 듣지 아니하면 비록 죽은 자 가운데서 살아나는 자가 있을지라도 권함을 받지 아니하리라 하였다 하시니라"(눅 16:27-31)

그렇다면 이 부자가 죽은 후에 지옥에 들어간 이유가 무엇일까?

이 사람이 부자이기 때문에 지옥에 들어갔을까?

이 땅에서 날마다 호화로이 잔치하면서 불쌍한 이웃을 돌보지 않고, 거지 나사로를 보살피지 않아서 지옥에 들어갔을까?

결코 그렇지 않다.

이 부자가 지옥에 들어간 이유는 그가 부자였다거나 가난해서가 아니다. 유식하거나 무식해서도 아니다. 그렇다고 현명하거나 우매해서도 아니다. 그가 스스로 말하는 것처럼 그는 회개하지 않았기 때문에 무서운 지옥에 들어간 것이다. 그러므로 부자는 이렇게 말하고 있다.

'나는 회개하지 못해서 이곳에 왔습니다.'

그는 나사로를 자기 집에 보내면 형제들이 회개하고 이 고통 받는 지옥에 오지 않을 것을 누구보다도 잘 알고 있었다.

그는 이 사실을 지옥에 와서 철저하게 배웠다.

그가 무슨 말을 하는지 들어보라.

"이르되 그렇지 아니하니이다 아버지 아브라함이여 만일 죽은 자에게서 그들에게 가는 자가 있으면 회개하리이다"(눅 16:30)


이제 우리는 하나님이 만드신 완전한 복음으로 지옥에서 벗어나야 한다. 예수님과 완전한 복음을 믿지 않는 사람들은 무서운 지옥 구덩이의 다 썩은 덮게 위를 걷고 있는 사람들과 같다.

아마 그 덮게는 곧 무너질 것이다.

그러므로 우리는 혹시 내가 걷고 있는 이 길이 그토록 끔찍하고 무서운 지옥으로 가는 길이 아닐까 생각해야 한다.

결국 지옥에 들어가서 아 지옥이 정말 있구나 하고 깨닫지 말고, 오늘 여기서 하나님이 만드신 복음을 듣고 구원을 받고 지옥에 들어가지 말아야 한다.

우리는 왜 나의 구원의 문제를 확실하게 해야 할까?

나는 당연히 구원받은 줄 알았는데 혹시라도 내가 구원받지 못했다면 이렇게 끔찍한 지옥에서 영원토록 고통을 당해야 하기 때문이다.

그러므로 나의 구원문제는 도박을 하는 것이 아니다.

"내가 구원을 받았으면 괜찮고, 아니면 말지"

우리는 절대로 이런 태도로 나의 구원문제를 접근해서는 안 된다. 누가 뭐라 해도 나는 확실하게 구원을 받아야 한다.

지금 이 문제를 확실하게 해결해야 한다.

너무 늦기 전에 이 문제를 확실하게 해결해야 한다.

그러므로 우리는 십자가의 완전한 복음으로 구원을 받아야 이렇게 끔찍한 지옥에 들어가지 않을 수 있다.

CHAPTER 3

# 죄를 해결하는 법칙

하나님이 만드신 십자가의 완전한 복음이 이루어지려면 근본적인 죄를 해결하는 법칙을 자세히 알아야 한다. 우리가 근본적인 죄를 해결하는 법칙을 모르면 십자가의 완전한 복음은 이루어지지 않기 때문이다.

그렇다면 근본적인 죄를 어떻게 해결할 수 있을까?

우리는 먼저 구약에서 죄를 어떻게 해결했는지 알아야 한다.

그러므로 구약에서는 하나님께 드리는 속죄 제사를 통해 죄를 해결하였다. 그리고 속죄 제사를 드리는 내용은 레위기 4장 27-31절에 자세히 소개되어 있다.

"만일 평민의 한 사람이 여호와의 계명 중 하나라도 부지중에 범하여 허물이 있었는데 그가 범한 죄를 누가 그에게 깨우쳐 주면 그는 흠 없는 암염소를 끌고 와서 그 범한 죄로 말미암아 그것을 예물로 삼아 그 속죄 제물의 머리에 안수하고 그 제물을 번제물을 잡는 곳에서 잡을 것이요 제사장은 손가락으로 그 피를 찍어 번제단 뿔들에 바르고 그 피 전부를 제단 밑에 쏟고 그 모든 기름을 화목제물의 기름을 떼어낸 것 같이 떼어내 제단 위에서 불살라 여호와께 향기롭게 할지니 제사장이 그를 위하여 속죄한즉 그가 사함을 받으리라"

이 말씀에 의하면 속죄 제사를 드릴 때 하나님께서 정해준 순서가 있었다.

첫째, 한 사람이 부지중에 죄를 범한다.

둘째, 죄를 범한 사람이 죄를 범한 사실을 깨닫는다.

셋째, 죄를 범한 사람이 자신의 죄를 해결하기 위해 예물로 흠 없는 암염소를 끌고 온다.

넷째, 죄를 범한 사람이 자신의 죄가 염소에게 전가되도록 그 속죄제물의 머리에 안수한다.

다섯째, 제사장이 하나님께 죄를 범한 사람을 위해 염소를 잡아 속죄 제사를 드린다.

여섯째, 죄를 범한 사람이 자신의 죄를 사함을 받는다.

이것이 구약에서 레위기에 등장하는 인간의 죄를 해결하는 법칙이었다. 하지만 구약의 속죄 제사는 하나님께서 지시하시는 대로 엄격하게 드려져야 했다.

레위 지파의 육체적 혈통에 근거한 제사장이 속죄 제사를 드려야 했다. 제사를 드리는 장소는 광야에서는 성막이었고, 가나안 땅에 정착해서는 솔로몬이 지은 성전에서 제사를 드렸다.

그리고 속죄 제물은 염소와 양과 송아지의 무수한 제물들이 드려졌다. 제사를 드리는 횟수는 수많은 제사, 자주 드리는 제사, 같은 제사가 반복되었다. 그럼에도 불구하고 구약의 제사는 인간의 죄를 완전하게 해결할 수 없기 때문에 폐지되었다.

히브리서 기자는 폐지될 구약의 제사제도를 다양하게 표현했다.

손으로 만든 성소, 장막, 그림자, 율법, 모형, 비유, 첫 언약, 수많은 제사, 연약함, 무익함, 기뻐하지 않는 것, 원하지 않는 것, 개혁할 때까지 존재하는 것, 온전하게 하지 못하는 것으로 표현했다.

그렇다면 폐지될 구약의 제사제도는 어떠한 역할을 할까?

히브리서 기자는 구약의 제사제도와 비교되는 하나님이 만드신 완전한 복음도 다양하게 표현하였다.

하늘에 있는 성소, 더 크고 온전한 장막, 참 형상, 예수의 피로 영원한 속죄를 이룸, 둘째 것, 한 번의 제사, 단번의 제사, 한 몸, 영원히 온전하게 함, 거룩함을 얻게 되는 것으로 표현했다.

따라서 구약의 죄를 해결하는 법칙과 신약의 하나님이 만드신 완전한 복음을 비교하면 다음과 같다.


**구약의 제사제도 ----- 하나님이 만드신 완전한 복음**

□ 손으로 만든 성소 - 하늘에 있는 성소(히 9:24)

□ 장막 - 창조에 속하지 않은 더 크고 온전한 장막(히9 :11)

□ 그림자 - 참 형상(히 10:1)

□ 율법 - 완전한 복음(히 10:1)

□ 모형 - 완성된 건물(히 8:5)

□ 비유 - 현재에 있는 완전한 복음(히 9:9-10)

□ 염소와 송아지 피 - 예수 피(히 9:12-13)

□ 수많은 제사 - 한 번의 제사, 단번의 제사(히 10:14)

□ 수많은 희생제물 - 한 몸(히 10:5)

□ 온전하지 못함 - 영원히 온전함(히 10:14)

## 구약의 죄를 해결하는 법칙은 폐지되었다

구약의 죄를 해결하는 법칙은 인간의 모든 죄를 단번에 해결할 수 없기 때문에 결국은 폐지되었다.

그러므로 히브리서 기자는 구약의 죄를 해결하는 법칙이 연약하고 무익하므로 폐지되었다고 선포했다.

그렇다면 구약의 죄를 해결하는 법칙이 폐지되었기 때문에 우리는 절망해야 할까?

아이러니하게 히브리서 기자는 '더 좋은 소망이 생기니'라고 말한다.

여기서 더 좋은 소망이 생기는 것은 하나님께서 만드신 완전한 복음이 있기 때문이다.


"전에 있던 계명은 연약하고 무익하므로 폐하고 율법은 아무 것도 온전하게 못할지라 이에 더 좋은 소망이 생기니 이것으로 우리가 하나님

께 가까이 가느니라"(히 7:18-19)

히브리서 기자는 히브리서 7장 19절에서 "이것으로 우리가 하나님께 가까이 가느니라"라고 말한다. 여기서 말하는 '이것이' 바로 하나님께서 만드신 완전한 복음이다.

그러므로 우리는 완전한 복음을 통해 하나님께 가까이 나아갈 수 있다. 그러므로 구약의 죄를 해결하는 법칙은 일시적인 과정에 불과했다. 왜냐하면 단번에 죄를 해결할 수 없었기 때문에 사람들이 죄를 범할 때마다 그 죄를 해결하기 위해 계속해서 속죄 제사를 드려야 했기 때문이다.

"제사장마다 매일 서서 섬기며 자주 같은 제사를 드리되 이 제사는 언제나 죄를 없게 하지 못하거니와"(히 10:11)

그러므로 구약의 죄를 해결하는 법칙은 하나님이 만드신 완전한 복음의 상징이었고, 비유였고, 그림자였고, 모형이었다.

신약에 와서 예수님께서 단번에 우리의 죄를 해결할 것을 미리 보여준 비유와 상징이었던 것이다.

마치 재미있는 본 영화를 보여주기 전에 그 영화를 보고 싶은 마음이 들도록 영화 예고편을 만들어 미리 보여주는 것처럼 구약의 제사제도는 하늘 성소의 모형과 그림자였다.

히브리서 기자는 히브리서 9장 24절에서 구약의 성소가 "참 것의 그림자인 손으로 만든 성소"라고 소개한다.

"그리스도께서는 참 것의 그림자인 손으로 만든 성소에 들어가지 아니하시고 바로 그 하늘에 들어가사 이제 우리를 위하여 하나님 앞에 나타나시고"

히브리서 기자는 히브리서 10장 1절에서는 구약의 제자제도를 율법이라고 지칭하였다. 모세가 성소와 제사법에 관계된 모든 것을 시내산에서 율법으로 받았기 때문에 율법이라고 말하는 것이다.

"율법은 장차 올 좋은 일의 그림자일 뿐이요 참 형상이 아니므로 해마다 늘 드리는 같은 제사로는 나아오는 자들을 언제나 온전하게 할 수 없느니라"

구약의 죄를 해결하는 법칙은 장차 올 좋은 일의 그림자일 뿐이요, 참 형상이 아니라고 분명하게 말하였다.

그렇다면 여기서 말하는 장차 올 좋은 일이란 무엇을 말하는 것일까?

그것이 바로 하나님이 만드신 완전한 복음인 것이다.

그러므로 구약의 죄를 해결하는 법칙은 하늘의 있는 성소의 모형과 그림자에 불과했다.


"그들이 섬기는 것은 하늘에 있는 것의 모형과 그림자라 모세가 장막을 지으려 할 때에 지시하심을 얻음과 같으니 이르시되 삼가 모든 것을 산에서 네게 보이던 본을 따라 지으라 하셨느니라"(히 8:5)


여기서 말하는 모형은 무엇인가?

모형이란 실물을 본떠서 만든 물건을 말한다.

따라서 아파트로 말하면 모델하우스와 같다.

모델하우스는 언제 폐지되는가?

아파트가 완성이 되고 입주가 끝나면 모델하우스는 더 이상 필요하지 않기 때문에 폐지되는 것처럼 하나님이 만드신 완전한 복음이 완성되었기 때문에 구약의 제사제도는 폐지된 것이다.

그러면 히브리서 8장 5절에서 말하는 '하늘의 있는 것'은 무엇인가? 그것 또한 하나님이 만드신 완전한 복음을 지칭한다.

그러므로 구약의 제사제도는 하늘의 있는 완전한 복음의 모형이요 그림자였다. 또한 구약의 제사제도는 현재까지의 비유였다.

또한 구약의 제사제도는 잘못된 방법이기 때문에 개혁할 때까지만 존재하는 것이다.


"이 장막은 현재까지의 비유니 이에 따라 드리는 예물과 제사는 섬기는 자를 그 양심상 온전하게 할 수 없나니 이런 것은 먹고 마시는 것과 여러 가지 씻는 것과 함께 육체의 예법일 뿐이며 개혁할 때까지 맡겨 둔 것이니라"(히 9:9-10)


히브리서 기자는 '이 장막은 현재까지의 비유니'라고 말한다.

비유란 무엇인가?

비유란 어떤 사물이나 현상을 그와 비슷한 다른 사물이나 현상에 빗대어 표현한 것이다.

그러므로 여기서 말하는 이 장막은 구약의 속죄 제사를 드리는 성소를 말한다. 그러므로 구약의 속죄 제사는 신약에 와서 예수님이 십자가 사건을 통해 우리의 모든 죄를 단번에 속죄할 것을 보여준 비유인 것이다. 히브리서 기자는 계속해서 '이에 따라 드리는 예물과 제사는 섬기는 자를 그 양심상 온전하게 할 수 없나니'라고 말한다.

다시 말해서 구약의 제사제도는 우리를 온전하게 할 수 없다는 것이다. 우리의 죄의 문제를 해결할 수 없다는 것이다.

그러므로 구약의 죄를 해결하는 법칙으로는 절대로 죄의 문제를 완전하게 해결할 수 없다.

"율법은 장차 올 좋은 일의 그림자일 뿐이요 참 형상이 아니므로 해마다 늘 드리는 같은 제사로는 나아오는 자들을 언제나 온전하게 할 수 없느니라"(히 10:1)

구약의 죄를 해결하는 법칙이 완전하였고, 흠이 없었다면 십자가의 완전한 복음을 통해 죄를 해결하는 법칙은 요구할 필요가 없었을 것이다. 구약의 죄를 해결하는 법칙이 완전하였다면 모든 사람이 단번에 정결하게 되어 이미 구약에서 드리던 제사제도는 그쳤을 것이다.

"저 첫 언약이 무흠하였더라면 둘째 것을 요구할 일이 없었으려니와, 그렇지 아니하면 섬기는 자들이 단번에 정결하게 되어 다시 죄를 깨닫는 일이 없으리니 어찌 제사 드리는 일을 그치지 아니하였으리요"(히 8:7, 10:2)

결국 구약의 죄를 해결하는 법칙이 완전하지 못함으로 하나님께서 구약의 제사제도를 거부하셨다.

히브리서 기자는 하나님께서 구약의 죄를 해결하는 법칙을 원하시지도 않으시고, 기뻐하시지도 않으신다고 말한다.

"이는 황소와 염소의 피가 능히 죄를 없이 하지 못함이라 그러므로 주께서 세상에 임하실 때에 이르시되 하나님이 제사와 예물을 원하지 아니하시고 오직 나를 위하여 한 몸을 예비하셨도다 번제와 속죄제는 기뻐하지 아니하시나니, 위에 말씀하시기를 주께서는 제사와 예물과 번제와 속죄제는 원하지도 아니하고 기뻐하지도 아니하신다 하셨고 이는 다 율법을 따라 드리는 것이라"(히 10:4-6, 8)

하나님께서 구약의 죄를 해결하는 법칙은 거부하셨지만 하나님께서 만드신 완전한 복음을 통해 우리의 모든 죄를 해결하는 법칙은 우리 하나님께서 원하시는 법칙이요, 기뻐하시는 법칙이다.


## 하늘 성소에서 이루어진 완전한 복음

그러므로 우리는 하나님께서 만드신 십자가의 완전한 복음을 통해 우리 예수님께서 우리를 대신해서 십자가에서 흘리신 보배로운 피가 이 땅에 있는 인간이 만든 성소가 아니라 하늘 성소에서 드려진 영원한 죄 사함의 보혈이라는 사실을 확실하게 깨달아야 한다.

하나님 아버지께서는 죄에 빠진 인간을 구원하시기 위해 주도적으로 십자가의 완전한 복음을 만드셨다.

이러한 완전한 복음을 만드시기 위해 예수 그리스도를 우리에게 보내 주셨다. 그렇다면 히브리서가 말씀하는 우리 예수님은 어떤 분일까?

첫째로 우리 예수님은 죄를 용서하시는 대제사장으로 오신 분이다.

예수님은 참 좋은 일을 하실 대제사장으로 오셨다.

그분은 하늘의 완전한 성소에서 우리의 죄를 단번에 사하여 주셨다. 성경은 이 점을 명확하게 말씀한다.

"그리스도께서는 장래 좋은 일의 대제사장으로 오사 손으로 짓지 아니한 것 곧 이 창조에 속하지 아니한 더 크고 온전한 장막으로 말미암아"(히 9:11)

둘째로 우리 예수님은 멜기세덱의 반차를 따라 오신 대제사장이시다.

예수님은 레위 지파에서 나온 불완전한 제사장이 아니셨다.

레위 계통의 제사장들은 완전히 죄의 문제를 해결할 수 없기 때문이다. 따라서 예수님은 아론의 반차를 좇는 제사장이 아니라 멜기세덱의 반차를 좇는 별다른 제사장이시다. 성경은 이 점을 분명하게 말씀한다.

"레위 계통의 제사 직분으로 말미암아 온전함을 얻을 수 있었으면 백성이 그 아래에서 율법을 받았으니 어찌하여 아론의 반차를 따르지 않고 멜기세덱의 반차를 따르는 다른 한 제사장을 세울 필요가 있느냐"(히 7:11)

그렇다면 여기에 등장하는 멜기세덱이란 누구일까?

멜기세덱은 처음에 창세기 14장에 등장한다.

따라서 멜기세덱은 아브라함을 축복했고, 아브라함은 그에게 십일조를 드렸다. 그러므로 멜기세덱은 의의 왕이요, 평강의 왕이요, 아비도 없고, 어미도 없고, 족보도 없고, 시작한 날도 없고, 생명의 끝도 없는 하나님의 아들과 방불하여 항상 있는 제사장이시다(히 7:1-3).

성경은 예수님이 멜기세덱과 같은 별다른 제사장이셨다고 분명하게 말씀한다.

"멜기세덱과 같은 별다른 한 제사장이 일어난 것을 보니 더욱 분명하도다"(히 7:15)

예수님은 멜기세덱의 반차를 좇는 영원한 대제사장이시다.

"그리로 앞서 가신 예수께서 멜기세덱의 반차를 따라 영원히 대제사장이 되어 우리를 위하여 들어 가셨느니라, 증언하기를 네가 영원히 멜기세덱의 반차를 따르는 제사장이라 하였도다"(히 6:20, 7:17)


셋째로 우리 예수님의 제사장 직분은 영원히 갈리지 않는다.

구약에서 레위 지파에 속한 제사장들의 수효가 많은 것은 그들은 영원히 존재할 수 없기 때문이다.

하지만 예수님은 영원히 존재하시는 하나님이시기 때문에 제사장 직분도 영원히 갈리지 않는다. 따라서 성경은 이 점을 명확하게 선포한다.

"제사장 된 그들의 수효가 많은 것은 죽음으로 말미암아 항상 있지 못함이로되 예수는 영원히 계시므로 그 제사장 직분도 갈리지 아니하느니라"(히 7:23-24)

넷째로 우리의 대제사장이신 예수님은 자신을 위해 제사를 드리지 않으신다.

예수님은 죄가 없으신 분이시기 때문이다. 하지만 구약의 레위 지파 제사장들은 죄가 있었기 때문에 먼저 자기를 위해 제사를 드리고, 그 다음은 백성들을 위해 제사를 드려야 했다. 성경은 이 점을 명확하게 말한다.

"그는 저 대제사장들이 먼저 자기 죄를 위하고 다음에 백성의 죄를 위하여 날마다 제사 드리는 것과 같이 할 필요가 없으니 이는 그가 단번에 자기를 드려 이루셨음이라"(히 7:27)

다섯째로 우리 예수님은 대제사장으로서 자기를 힘입어 하나님께 나오는 사람들을 완전하게 구원하신다.

"그러므로 자기를 힘입어 하나님께 나아가는 자들을 온전히 구원하실 수 있으니 이는 그가 항상 살아 계셔서 그들을 위하여 간구하심이라"(히 7:25)

여섯째로 우리 예수님은 십자가의 보혈을 통해 영원한 속죄를 단번에 이루어 주셨다.

"염소와 송아지의 피로 하지 아니하고 오직 자기의 피로 영원한 속죄를 이루사 단번에 성소에 들어가셨느니라 염소와 황소의 피와 및 암송아지의 재를 부정한 자에게 뿌려 그 육체를 정결하게 하여 거룩하게 하거든"(히 9:12-13)

일곱째로 우리 예수님은 악이 없고 더러움이 없고 죄인에게서 떠나 계시기 때문에 우리에게 합당하신 대제사장이시다.

"이러한 대제사장은 우리에게 합당하니 거룩하고 악이 없고 더러움이 없고 죄인에게서 떠나 계시고 하늘보다 높이 되신 이라"(히 7:26)

여덟째로 우리 예수님은 자신이 하늘 성소가 되셨고, 자신이 대제사장이 되셨고, 자신이 한 제물이 되셨고, 자신이 제물의 한 몸이 되셨고, 자신이 가진 보배로운 피를 흘려주셨기 때문에 그분이 단 한 번의 제사를 드리심으로 말미암아 우리는 영원히 완전하게 죄의 문제를 해결할 수 있는 것이다.

"그러므로 주께서 세상에 임하실 때에 이르시되 하나님이 제사와 예물을 원하지 아니하시고 오직 나를 위하여 한 몸을 예비하셨도다, 그가 거룩하게 된 자들을 한 번의 제사로 영원히 온전하게 하셨느니라"(히 10:5, 14)

아홉째로 우리 예수님은 죄의 문제를 단번에 끝내버리는 제사를 드리셨다.

"그리하면 그가 세상을 창조한 때부터 자주 고난을 받았어야 할 것이로되 이제 자기를 단번에 제물로 드려 죄를 없이 하시려고 세상 끝에 나타나셨느니라"(히 9:26)

그러므로 예수님은 한 영원한 제사를 드리시고 하늘 보좌 우편에서 앉아 쉬고 계신다.

"오직 그리스도는 죄를 위하여 한 영원한 제사를 드리시고 하나님 우편에 앉으사"(히 10:12)

그러므로 우리는 하나님이 만드신 완전한 복음을 통해 우리의 모든 죄를 해결하였고, 우리는 이제 거룩함을 얻었고, 우리는 이제 영원히 완전하게 되었다. 그 결과 우리는 다시는 죄를 위해 제사를 드릴 필요가 없게 되었다.

"이 뜻을 따라 예수 그리스도의 몸을 단번에 드리심으로 말미암아 우리가 거룩함을 얻었노라, 그가 거룩하게 된 자들을 한 번의 제사로 영원히 온전하게 하셨느니라, 이것들을 사하셨은즉 다시 죄를 위하여 제사드릴 것이 없느니라"(히 10:10, 14, 18)

이제 우리는 십자가의 완전한 복음을 통해 하나님께 나아가면 된다. 우리 하나님께 나아갈 새로운 길과 살아있는 길이 열렸기 때문이다.

예수님이 십자가에서 운명하시자 우리가 하나님께 나아갈 수 있도록 성전 안에 있는 휘장이 위로부터 아래로 찢어져 새로운 길이 열렸다.

"그러므로 형제들아 우리가 예수의 피를 힘입어 성소에 들어갈 담력을 얻었나니 그 길은 우리를 위하여 휘장 가운데로 열어 놓으신 새로운 살 길이요 휘장은 곧 그의 육체니라, 이에 성소 휘장이 위로부터 아래까지 찢어져 둘이 되니라, 예수께서 다시 크게 소리 지르시고 영혼이 떠나시니라 이에 성소 휘장이 위로부터 아래까지 찢어져 둘이 되고 땅이 진

동하며 바위가 터지고"(히 10:19-20, 막 15:38, 마 27:50-51)

## 죄의 문제를 단번에 해결하는 법칙

죄를 해결하는 법칙이 두 가지가 있다고 가정해 보자.

첫째는 과정으로 해결하는 법칙이다.

둘째는 단번에 해결하는 법칙이다.

첫 번째 과정으로 해결하는 법칙은 인간이 태어나서 죽을 때까지 자신들의 죄를 해결하기 위해 일평생 노력하는 것이다.

따라서 인간은 과정의 법칙으로 죄를 해결하기 위해 선행과 교육과 지식과 철학과 도덕과 율법과 인간이 만든 다양한 종교를 통해 죄를 해결하려고 노력하고 있다.

만약에 인간의 죄 문제를 해결하는 법칙이 두 가지가 있다면 많은 사람들은 어떤 법칙을 선택할까? 많은 사람들은 단번에 인간의 죄를 해결하는 법칙이 없다고 단정하고 과정이라는 방법을 선택한다.

하지만 과정의 법칙은 인간이 만든 법칙이고, 단번에 해결하는 법칙은 하나님께서 만든 법칙이다.

과정의 법칙은 인간이 자신의 죄의 문제를 해결하는 것이요,

단번에 해결하는 법칙은 하나님께서 인간의 죄 문제를 단번에 해결해서 우리에게 선물로 주시는 것이다.

하지만 인간은 자신이 죄인이기 때문에 자신의 힘으로는 아무리 노력을 해도 자신의 죄 문제를 해결할 수 없다.

그러므로 과정의 법칙으로는 인간의 죄 문제를 절대로 해결할 수 없다. 그러므로 죄를 해결하는 법칙은 두 가지 법칙이 있는 것이 아니라 하나님께서 만드신 완전한 복음을 통해 단번에 해결해 주시는 한 가지 법칙밖에 없다.

그러므로 지혜의 하나님은 인간의 죄 문제를 예수님을 통해 단번에 해결하는 십자가의 완전한 복음을 만드셨다.

죄 문제에 대한 유일한 해결책은 죄 없는 분이 하나님 앞에서 인간을 대신해서 죽어야 한다. 죄 없는 분이 인간의 정죄와 심판과 죽음을 대신해서 담당해야 한다. 하지만 이 세상에 죄 없는 사람이 있을까?

이 지구상에 죄 없는 사람은 아무도 없다.

성경은 모든 사람이 다 죄인이라고 선언했기 때문이다.

그렇다면 가능성은 단 하나밖에 없다.

자기 자신의 몸에 온 인류의 죄를 다 짊어지실 만한 능력이 있는 분은 온 우주 안에 하나님의 아들 예수님 외에는 아무도 없었다.

오직 하나님의 아들 예수님만이 무한하신 중보자로서 모든 사람을 대신해서 단번에 죽을 수가 있었다. 그분이 죄의 문제를 단번에 해결하기 위해 이 세상에 오셨다. 성경 말씀의 강조 속으로 들어가 보자.


"미쁘다 모든 사람이 받을 만한 이 말이여 그리스도 예수께서 죄인을 구원하시려고 세상에 임하셨다 하였도다 죄인 중에 내가 괴수니라"(딤 전 1:15)

예수님은 죄인을 구원하시려고 이 세상에 오셨다.

여기서 바울이 사용한 '미쁘다'는 말은 '믿음직하다, 신실하다, 진실하다, 확실하다'는 뜻이다.

그렇다면 어떤 말이 그렇게 믿음직스럽고, 신실하고, 진실하고, 확실할까? 디모데전서 1장 15절에서 "예수님이 죄인을 구원하시려고 세상에 임하셨다"는 말씀이다.

이 말씀이야말로 믿음직스러운 말씀이다.

그러므로 예수님이 하늘나라에서 이 세상에 오신 이유가 잘난 사람과 부자와 착한 사람과 키 큰 사람과 건강한 사람 등 어떤 조건을 갖춘 사람들만 데려가기 위해 오셨다면 누가 과연 하늘나라에 갈 수 있을까?

하지만 우리 예수님은 죄인들을 구원하기 위해 세상에 임하셨으니, 그 말이 그렇게 믿음직스럽고 확실하게 느껴지는 것이다.

그러므로 우리의 죄의 문제는 하나님이 만드신 십자가의 완전한 복음을 통해 단번에 해결할 수 있는 것이다.

이사야는 이 점을 명확하게 말한다.


"우리는 다 양 같아서 그릇 행하여 각기 제 길로 갔거늘 여호와께서는 우리 모두의 죄악을 그에게 담당시키셨도다"(사 53:6)


하나님 아버지께서는 우리의 죄를 예수님에게 담당하게 하시므로 우리의 모든 죄를 단번에 해결해 주셨다. 예수님이 십자가에 죽으심으로 하나님의 공의와 사랑이 완전히 충족되었다.

죄는 반드시 벌해야 하지만 하나님은 자신의 아들을 보내서 우리가 받아야할 사망의 형벌을 우리 대신 받게 하셨다.

예수님은 십자가 위에서 이렇게 외치셨다.

"제구시쯤에 예수께서 크게 소리 질러 이르시되 엘리 엘리 라마 사박다니 하시니 이는 곧 나의 하나님, 나의 하나님, 어찌하여 나를 버리셨나이까 하는 뜻이라"(마 27:46)

이 말씀에 의하면, 우리 예수님이 우리를 위해 자신의 아버지로부터 버림을 당하시고 끊어지신 것이다. 따라서 우리의 죄에 대한 형벌은 모두 예수님께서 받으셨다. 그러므로 우리는 예수님이 이 땅에 오신 이유를 정확하게 알아야 한다.


첫째로 우리 예수님은 우리의 죄를 없이하려고 오셨다.

사도 요한의 말에 귀를 기울려보라.

"그가 우리 죄를 없애려고 나타나신 것을 너희가 아나니 그에게는 죄가 없느니라"(요일 3:5)

과연 누가 우리의 죄를 해결하시기 위해 적합한 분일까?

그 무엇보다도 죄가 없어야 한다.

그런데 우리 예수님은 죄가 없으신 분이다.

그분은 이 세상에서 죄 없는 생애를 사셨기 때문이다.

그분은 죄를 짓도록 시험은 받으셨지만 죄가 없는 분이라고 성경은 증언하고 있다. 심지어 예수님을 반대했던 반대자들도 예수님에게서 죄를 찾지 못했다.

"우리에게 있는 대제사장은 우리의 연약함을 동정하지 못하실 이가 아니요 모든 일에 우리와 똑같이 시험을 받으신 이로되 죄는 없으시니라"(히 4:15)

"너희 중에 누가 나를 죄로 책잡겠느냐 내가 진리를 말하는데도 어찌하여 나를 믿지 아니하느냐"(요 8:46)

따라서 죄가 없으신 예수님이 우리의 죄를 없이하려고 오신 것이다.


둘째로 우리 예수님은 하나님의 뜻을 행하러 오셨다.

그렇다면 하나님의 뜻이란 무엇일까?

인간이 자기 노력으로 해결하지 못하는 죄의 문제를 예수님께서 단번에 해결하시는 것이 하나님의 뜻이다.

다음 구절에 담긴 메시지에 귀 기울려보자.


"이에 내가 말하기를 하나님이여 보시옵소서 두루마리 책에 나를 가리켜 기록된 것과 같이 하나님의 뜻을 행하러 왔나이다 하셨느니라, 그후에 말씀하시기를 보시옵소서 내가 하나님의 뜻을 행하러 왔나이다 하셨으니 그 첫째 것을 폐하심은 둘째 것을 세우려 하심이라 이 뜻을 따라 예수 그리스도의 몸을 단번에 드리심으로 말미암아 우리가 거룩함을 얻었노라"(히 10:7, 9-10)


히브리서 기자는 여기서 예수님이 하나님의 뜻을 행하기 위해 오셨다고 선포한다. 다시 한 번 말하지만 여기서 하나님의 뜻은 예수님이 온 인류의 죄를 십자가의 완전한 복음을 통해 단번에 해결하는 것이다.

그분은 하나님의 뜻대로 십자가에서 단번에 죽으심으로 말미암아 우리의 죄의 값을 다 지불하셨다.

그러므로 우리는 이제 거룩함을 얻었고, 죄의 문제는 이제 끝났다.

인간의 죄의 문제가 이미 끝났기 때문에 그분은 이제 하늘나라 우편 보좌에서 쉬고 계신다.

마치 하나님께서 창세기 1장에서 6일 동안 창조사역을 마치시고, 7일째 되는 날에 쉬신 것처럼 예수님께서도 우리의 죄에 대한 구속사역을 마치셨기 때문에 하늘나라 우편보좌에서 쉬고 계신다.

성경은 이 점을 명확하게 말한다.


"오직 그리스도는 죄를 위하여 한 영원한 제사를 드리시고 하나님 우편에 앉으사"(히 10:12)


여기서 '하나님 우편에 앉으사'라는 표현이 바로 '쉬다'는 표현이다. 또한 '한 영원한 제사'는 한 번에 끝내버리는 영원한 제사를 말한다.

그런데 우리 예수님께서 한 번에 끝내버리는 제사를 드린 것이 바로 십자가의 완전한 복음을 나타내는 것이요, 또한 야구에서 끝내기 홈런을 치는 것과 같다.

2008년 베이징 올림픽에서 가장 감동적인 경기는 한국 팀의 야구 결승 경기였다. 이 경기에서 한국 대표 팀이 승리했고 금메달을 목에 걸었다. 하지만 2008년 이후에 올림픽 경기 종목에서 야구 종목이 빠지게 되면서, 2008년 베이징 올림픽의 야구 경기가 마지막 경기가 되었다. 한국 대표 팀은 이러한 마지막 경기에서 쿠바와 겨루어 승리하여 영원히 역사에 기록이 되었다.

그런데 마지막 결승전을 쿠바와 싸우면서 9회 말까지의 경기가 무승부였다고 가정해 보자. 두 팀은 이제 연장전에 들어간다. 연장전에서는 1점을 먼저 내는 팀이 이긴다. 1점을 가장 쉽게 내는 방법은 굿바이 홈런, 끝내기 홈런을 치는 것이다. 이제 경기에서 상대방이 먼저 공격을 했지만 다행스럽게도 점수를 내지 못했다. 이제 한국 팀이 공격할 차례가 되었다. 그런데 한국 팀의 대타자가 나와서 단번에 홈런을 쳐서 경기가 끝나고 한국 팀은 우승을 하여 금메달을 따게 되었다고 가정해 보자.

마찬가지로 우리 예수님께서는 죄의 문제에 대한 끝내기 홈런을 치려고 하늘에서 오신 분이다. 단번에 인류의 죄의 문제를 해결하기 위해 하늘나라에서 오셨다. 성경은 이 점을 명확하게 말한다.

"그 후에 말씀하시기를 보시옵소서 내가 하나님의 뜻을 행하러 왔나이다 하셨으니 그 첫째 것을 폐하심은 둘째 것을 세우려 하심이라 이 뜻을 따라 예수 그리스도의 몸을 단번에 드리심으로 말미암아 우리가 거룩함을 얻었노라"(히 10:9-10)

예수님은 타석에서 온 인류의 죄악이라는 공을 동쪽 끝에서 서쪽 끝으로 영원히 보이지 않도록 쳐서 보내 버렸다.

이제 우리의 죄의 문제는 끝났다.

우리는 죄를 용서 받기 위해 다른 일을 할 필요가 없게 되었다.

단지 예수님이 십자가의 완전한 복음을 통해 우리의 죄의 값을 이미 다 지불하신 사실을 진실한 마음으로 믿고 받아 드리면 된다.

"동이 서에서 먼 것 같이 우리의 죄과를 우리에게서 멀리 옮기셨으며"(시 103:12)


구약에서는 인간의 죄를 용서받기 위해 아무리 제사를 많이 드려도 그 제사를 통해서는 완전하게 죄의 문제를 끝낼 수 없기 때문에 성소 안에는 앉는 의자가 없었다.

하지만 예수님께서는 죄의 문제를 단번에 해결하시고, 죄의 문제를 끝냈기 때문에 앉아 쉬고 계신다.

그래서 히브리서 10장 11절과 12절을 비교해보면 재미있는 사실을 발견할 수 있다.

먼저 히브리서 10장 11절을 읽어보자.

"제사장마다 매일 서서 섬기며 자주 같은 제사를 드리되 이 제사는 언제나 죄를 없게 하지 못하거니와"

여기 11절에서는 매일 제사를 드리고, 자주 제사를 드리고, 제사 드리는 사람은 서 있다. 그러나 결국 이 제사는 죄를 완전하게 해결하지 못한다. 이제 히브리서 10장 12절을 읽어보자.


"오직 그리스도는 죄를 위하여 한 영원한 제사를 드리시고 하나님 우편에 앉으사"

여기 12절에서는 예수님이 우리의 죄의 문제를 단번에 끝내버리는 영원한 제사를 드리시고, 하나님 우편에 앉아 쉬고 계신다.

이제 예수님은 자신의 몸인 한 제물로 죄의 문제를 영원히 온전하게 다 해결해 주셨다.

"그가 거룩하게 된 자들을 한 번의 제사로 영원히 온전하게 하셨느니라"(히 10:14)

이제 완전하게 끝났기 때문에 다시는 제사를 드릴 필요도 없게 되었다. 이 얼마나 놀라운 선언인가?

"이것들을 사하셨은 즉 다시 죄를 위하여 제사 드릴 것이 없느니라"(히 10:18)

셋째로 예수님은 마귀의 일을 멸하려 오셨다.

"하나님의 아들이 나타나신 것은 마귀의 일을 멸하려 하심이라"(요일 3:8)

여기서 '마귀의 일'은 우리를 속여서 죄를 범하게 만들고, 십자가의 완전한 복음을 믿지 못하게 만들어서 결국 우리를 지옥에 던져 버리는 것이다. 성경은 이 점을 명확하게 말씀한다.

"만일 우리의 복음이 가리었으면 망하는 자들에게 가리어진 것이라 그 중에 이 세상의 신이 믿지 아니하는 자들의 마음을 혼미하게 하여 그리스도의 영광의 복음의 광채가 비치지 못하게 함이니 그리스도는 하나

님의 형상이니라"(고후 4:3-4)

이 말씀에서 '혼미'란 어리둥절하여 복음을 알아보지 못하게 하는 것이다. 예수님은 이러한 마귀의 일을 멸하고, 우리를 천국으로 데려가기 위해 오셨다.

넷째로 우리 예수님은 잃어버린 자들을 찾아 구원하기 위해 오셨다.

예수님은 잃어버린 영혼인 삭개오를 구원하시고 분명하게 말씀하셨다.

"인자가 온 것은 잃어버린 자를 찾아 구원하려 함이니라"(눅 19:10)

모든 사람이 잃어버린 존재라는 의미가 무엇일까?

모든 인간은 하나님의 창조사역을 통해 세상에 존재하게 되었기 때문에 하나님은 모든 인류를 낳아주신 아버지가 되신다.

누가복음 3장 23-38절에 보면 족보이야기가 나오는데 그 족보의 끝이 하나님으로 연결된다.

"그 위는 에노스요 그 위는 셋이요 그 위는 아담이요 그 위는 하나님이시니라"(눅 3:38)

결국 하나님이 존재하시지 않았다면 인류는 이 세상에 존재할 수 없었다. 어떻게 보면 하나님 아버지께서는 모든 인류를 낳아준 아버지가 되신다. 하지만 이 세상의 모든 사람들은 하나님 아버지를 몰라보고, 하나님의 품을 떠나 자기 마음대로 살아가고 있기 때문에 잃어버린 존재가 되었다.

그러므로 우리 예수님께서는 잃어버린 인간들을 찾아서 구원하시기 위해 이 세상에 오셨다. 이제 우리의 죄의 문제는 예수님께서 다 해결하셨기 때문에 우리는 이것을 단지 믿음으로 받아드리면 된다.

## 죄의 값은 이미 다 지불되었다.

"예수께서 신 포도주를 받으신 후에 이르시되 다 이루었다 하시고 머리를 숙이니 영혼이 떠나가시니라"(요 19:30)

예수님께서 숨을 거두시기 직전에 '다 이루었다'고 외치셨다.

그분이 십자가 위에서 죽어 가시면서 외치셨던 그 한 마디는 참으로 의미 있는 선포였다.

그분은 이 한 마디를 통해 유한한 인간으로서는 거의 이해할 수 없는 큰 성취를 이루셨다. 십자가에 못 박혀 죽으심으로써, 자신의 피와 물을 다 쏟으시고 희생하심으로써 그분은 온 인류의 모든 죄의 값을 다 지불하신 것이다.

예수님께서는 이 세상의 모든 죄를 위해 돌아가셨다.

그분은 아담으로부터 시작하여 앞으로 태어날 인류의 마지막 사람까지 모든 사람의 모든 죄의 값을 이미 다 지불하셨다.

여기서 '다 이루었다'는 외침은 패배의 울부짖음 '나는 망했다'가 아니라 승리의 외침 '나는 완성했다'는 외침이다. 예수님께서 이 외침을 통해 인간의 구원을 위한 하나님의 영원하신 계획이 인간의 시간 역사 속에서 영원히 실행되었다는 것을 선포하셨다.

그분의 죽으심을 통해 우리의 죄는 하나님의 등 뒤로 던져졌다.

우리의 죄는 깊은 바다에 매장되었다.

우리의 모든 죄는 동쪽 끝에서 서쪽 끝으로 멀리 옮겨졌다.

우리의 죄는 빽빽한 구름의 사라짐같이 다 사라져 버렸다.

그분은 우리의 죄라는 엄청난 빚을 단번에 청산하셨다.

우리는 1998년 IMF시대를 만났을 때, 빚을 지는 것이 얼마나 심각한 일인지를 절감할 수 있었다. 금 모으기 운동도 조금이나마 외채를 갚기 위해서였다. 그 당시에 우리나라가 빚을 지는 외채도 심각했지만 개인이 엄청난 빚을 지고 파산하는 경우도 많았다. 그 당시에 많은 사람들은 빚을 갚기 위해 큰 범죄를 저지르는 경우도 있었다. 한나리 양 유괴범도 원인은 카드빚이라고 하며, 새마을 금고에 들어가 강도짓을 한 사람도 카드 빚 때문에 강도로 돌변한 것이었다. 아주 적은 빚이라도 사채업자들은 그 빚을 받아내기 위해 사람들을 괴롭혀서 겨우 몇 백만 원의 빚을 지고 그것을 갚지 못해 자살을 하는 경우도 있었다. 또한 빚보증을 섰다가 낭패를 보는 경우도 많았다. 법원에 개인 파산을 신청한 한 여자는 평생 벌어도 갚을 수 없는 엄청난 액수의 빚을 졌기 때문에 법원에 파산을 신청했다. 이처럼 빚 때문에 자살한 사람들이 한 두 사람이 아니었다.

그런데 어떤 사람이 엄청난 빚을 탕감 받은 기쁜 소식이 있다고 생각해 보자. 어떤 여자가 엄청난 빚을 지고 있었다. 그녀는 평생을 벌어도 갚을 수 없는 엄청난 빚을 지고 있었던 것이다.

그러나 다행스럽게도 그 여자를 사랑하는 한 남자가 있었다.

그 남자는 자신이 사랑하는 그녀가 빚 때문에 고통을 당하는 것을 알게 되었다. 그 남자는 그녀를 진심으로 사랑하기 때문에 순수한 동기로 그 여자의 엄청난 빚을 모두 갚아 주었다. 그리고 그녀에게 청혼을 했다. 이제 그녀는 그 남자의 청혼을 받아 드리고, 빚을 갚아 준 사실을 기쁜 마음으로 받아 드리기만 하면 되는 것이다.

마찬가지로 우리 예수님께서 우리를 사랑하시기 때문에 우리가 일평생 노력을 해도 도저히 갚을 수 없는 엄청난 죄의 빚을 십자가의 완전한 복음을 통해 단번에 갚아 주셨다. 성경은 이점을 분명하게 말한다.

"그리스도께서도 단번에 죄를 위하여 죽으사 의인으로서 불의한 자를 대신하셨으니 이는 우리를 하나님 앞으로 인도하려 하심이라"(벧전 3:18)

예수님께서 우리를 사랑하셔서 우리의 모든 죄의 빚을 대신 갚아 주신 것이다. 그분이 우리를 사랑하셔서 우리의 모든 죄의 빚을 갚아 주셨기 때문에 이제 우리는 그 사실을 진심으로 믿기만 하면 죄의 대가로 지옥에 들어갈 이유가 없는 것이다.

우리의 죄의 값이 이미 지불된 것이 사실이며, 진리이다.

예수님이 우리의 모든 죄의 빚을 지불하시기 위해 십자가에서 보혈을 흘려 죽으시고, 다시 살아난 사실을 진심으로 믿으면 우리도 모든 죄에서 해방될 수 있다. 이것을 육하원칙에 따라 정리하면 다음과 같다.

□ 누가 : 예수님께서
□ 언제 : 약 2,000년 전에

□ 어디서 : 갈보리 언덕 십자가 위에서

□ 무엇을 : 우리의 모든 죄의 값을

□ 무엇으로 : 예수의 피로

□ 어떻게 : 단번에 다 지불하셨다

□ 얼마만큼 : 우리의 과거, 현재, 미래의 모든 죄를

□ 왜 : 우리를 거룩하게 하여 하늘나라에 들어가게 하려고

예수님께서 우리가 지금까지 지은 죄만 지불하신 것이 아니라 과거, 현재, 미래의 모든 죄의 값을 단번에 다 지불하셨다.

그러나 그 사실을 믿지 않으면 아무런 소용이 없다.

오직 믿기만 하면 우리가 더 이상 죄인이 아니라 오히려 의인으로 인정해 주신다. 하나님의 자녀로 인정해 주신다. 그 조건은 믿음과 회개이다. 우리가 하늘나라에 들어가는 조건은 우리가 죄를 얼마나 많이 지었느냐, 아니면 죄를 짓지 않았느냐에 달려 있는 것이 아니다. 예수님이 우리를 대신해서 십자가에서 죄의 값을 다 지불하셨다는 사실을 믿고, 회개하고, 이 기쁜 소식을 진정으로 받아 드렸느냐, 거부했느냐에 달려 있다. 성경은 명확하게 말씀한다.

"그를 믿는 자는 심판을 받지 아니하는 것이요 믿지 아니하는 자는 하나님의 독생자의 이름을 믿지 아니하므로 벌써 심판을 받은 것이니라"(요 3:18)

결국 진실한 믿음은 곧 하늘나라요, 불신은 지옥이다.

하나님은 다른 것을 보시는 것이 아니라 우리의 믿음을 보시기 때문에 믿음과 불신의 결과는 이처럼 엄청난 차이가 있다.


## 속량을 통한 죄 해결 법칙

우리가 구원을 받으려면 속량이 무엇인지 반드시 알아야 한다.

우리의 죄의 문제를 해결하고 의인이 되는 비결이 무엇인가?

예수님 안에 있는 속량이 바로 비결이다.

우리는 예수님 안에 있는 속량을 통해 의롭다 하심을 얻기 때문이다. 사도 바울은 로마서에서 의인이 되는 비결을 소개하면서 속량이라는 용어를 사용하였다.

"그리스도 예수 안에 있는 속량으로 말미암아 하나님의 은혜로 값 없이 의롭다 하심을 얻은 자 되었느니라 이 예수를 하나님이 그의 피로써 믿음으로 말미암는 화목제물로 세우셨으니 이는 하나님께서 길이 참으시는 중에 전에 지은 죄를 간과하심으로 자기의 의로우심을 나타내려 하심이니 곧 이 때에 자기의 의로우심을 나타내사 자기도 의로우시며 또한 예수 믿는 자를 의롭다 하려 하심이라"(롬3:24-26)


예수님께서 우리의 모든 죄를 해결하시기 위해 자신의 목숨을 화목제물로 주심으로 우리를 속량하셨다.

여기서 속량이란 대가를 지불하심으로써 얻는 자유를 말한다.

속량이라는 단어 속에는 매매의 개념이 내포되어 있다.

이 단어는 노예시장에서 노예 매매와 관련하여 종종 사용되었다.

예수님은 매매의 대가로 자신의 피를 지불하셨다.

따라서 구원받은 우리는 더 이상 죄와 마귀 사탄의 속박 아래서 노예로 살지 않는다.

예수님의 무죄하신 생애는 그분이 죄를 담당하실 만한 충분한 자격이 있으신 분임을 보여주셨다.

그분은 하나님의 손상된 의의 요구를 만족시키기 위해 죽으셨다.

그분은 죄인의 위치에서 죽으셨다.

구약에서의 속량은 피를 통한 하나님의 속죄 방법을 강조하지만 신약에서는 그 속량이 미치는 영향이나 결과를 강조한다.


속량의 몇 가지 정의를 살펴보라.

"속량은 손해를 입힌 대가로서의 배상이다."

"속량은 구원 얻을 만한 가치 없는 죄인들을 다시 하나님의 가족으로 흠 없고 점 없이 완전하게 받아드려지게 하기 위해 하나님의 독생자 예수님께서 죽음과 피를 흘려주신 것이다."

"속량은 하나님과 사람사이를 갈라놓았던 죄에 대한 보상으로 그리스도의 고난과 죽음과 피 흘림이다."

"속량은 우리가 마귀와 죄에 얽매여 지옥에 들어갈 운명에 처해 있었는데 그리스도께서 자신의 죽음과 피를 흘려주셔서 우리를 해방시켜서 자유를 주신 것이다."

"우리는 그리스도 안에서 그의 은혜의 풍성함을 따라 그의 피로 말미암아 속량 곧 죄 사함을 받았느니라, 또 충성된 증인으로 죽은 자들 가운데에서 먼저 나시고 땅의 임금들의 머리가 되신 예수 그리스도로 말미암아 은혜와 평강이 너희에게 있기를 원하노라 우리를 사랑하사 그의 피로 우리 죄에서 우리를 해방하시고"(엡 1:7, 계 1:5)

요한계시록은 인봉한 책이 나오는데 그 인을 떼기에 합당한 예수님을 소개하면서 예수님은 각 족속과 방언과 백성과 나라 가운데에서 사람들을 피로 사서 하나님께 드리신 분이라고 소개한다.

"그들이 새 노래를 불러 이르되 두루마리를 가지시고 그 인봉을 떼기에 합당하시도다 일찍이 죽임을 당하사 각 족속과 방언과 백성과 나라 가운데에서 사람들을 피로 사서 하나님께 드리시고"(계 5:9)

따라서 속량이란 예수님께서 우리의 죄의 값을 지불하시고 마귀 사탄에게서 우리를 해방시킨 것이다.

우리가 죄에서 속량된 것은 은이나 금 같은 어떤 물질적인 것으로 속량된 것이 아니라 예수 그리스도의 귀중한 보혈이 값으로 치러짐으로 속량되었다. 성경은 이 점을 분명하게 말한다.

"너희가 알거니와 너희 조상이 물려 준 헛된 행실에서 대속함을 받은 것은 은이나 금 같이 없어질 것으로 된 것이 아니요 오직 흠 없고 점 없는 어린 양 같은 그리스도의 보배로운 피로 된 것이니라"(벧전 1:18-19)

우리는 마귀의 수중에서 속량을 받은 것뿐만 아니라, 율법의 수중에서도 속량을 받았다. 예수님의 죽음은 우리를 율법으로부터 해방시켜 주는 힘이 있다. 율법은 우리를 정죄하지만 그리스도는 율법의 모든 요구를 이루어주셨다. 지상의 모든 금과 은과 보석으로 속량할 수 없는 것을 예수님의 보혈로 우리를 속량해 주셨다.

예수님은 하나님과 우리 사이의 화목제물이 되기 위해 죽으셨다.

죄를 범한 인간과 거룩한 하나님과의 사이에 교제가 회복하기 위해서는 화목제물이 요구된다. 이 화목제물은 하나님에 의해 지정되어야 한다. 아담이 하나님과의 교제를 회복하기 위해서는 아담과 하와의 죄를 가리기 위해 제물이 필요했다.

이러한 화목제물이 신약에서는 하나님의 어린양이신 예수님이셨다.

이 희생양이 우리를 위한 구원의 옷과 의의 옷을 입혀주기 위해 화목제물로 죽음을 당하셨다.

이제 다른 화목제물은 필요 없게 되었다.

하나님은 모든 사람을 위한 화목제물로서 예수님의 죽음만으로 충분히 만족하셨기 때문이다. 예수님의 죽음은 하나님 아버지의 의로우신 요구를 만족시키셨다.

오직 무죄한 희생만이 하나님 아버지의 의로우신 요구를 만족시킬수가 있었다. 예수님은 자신의 피를 통해 자신 안에서 거룩하신 하나님이 죄인을 만날 수 있도록 약속된 장소를 제공하셨다.

예수님은 자신의 죽음으로 말미암아 죄인을 하나님과 화해시키기 위해 화목제물이 되셨다.

화목이란 예수님의 죽음으로 말미암아 우리가 회복되어 다시 영적인 자유를 찾은 것을 말한다.

그러므로 우리 예수님만이 우리의 유일한 구원자가 되신다. 이제 예수님 안에 있는 속량을 통해 우리도 죄의 문제를 해결할 수 있다.

## 중보자를 통한 죄 해결 법칙

예수님은 우리의 중보자로서 우리를 구원하신다.

그분은 여러 면에서 모든 사람과 다르셨다.

그분은 무한하신 하나님이신 동시에 참된 인간이셨다(요 1:1, 14).

그분은 육적인 아버지가 없었기 때문에 요셉은 수양아버지로서 예수님을 낳지 않고 기르기만 했다. 따라서 어머니 마리아는 요셉과 결혼하기 전에 성령으로 예수님을 잉태하셨다.

예수님은 인류역사에 있어 처녀의 몸에서 나신 유일한 분이셨다.

그분은 성령님을 그의 아버지로 삼고, 처녀 어머니를 그의 어머니로 삼아 이 세상에 태어나신 분이셨다.

그러므로 그분은 무한하신 하나님이신 동시에 참된 인간이셨다.

그분은 우리와 하나님 사이에 중보자가 되기 위해 무한하신 하나님이 인간의 몸을 입으시고 인간의 모습으로 이 땅에 오신 분이다.

그러므로 그분만이 하나님과 사람을 이어 주실 수 있는 유일한 중보자가 되신다. 중보자는 양쪽 모두를 다 알아야 한다.

그분은 하나님께로부터 나셨기 때문에 한 손을 위로 펼쳐 거룩한 하나님을 잡으셨다.

그분은 여자에게서 나셨기 때문에 다른 한 손을 아래로 벌려 버림받은 죄 많은 사람들을 잡으셨다.

그러므로 그분만이 홀로 죄 많은 사람들을 거룩하신 하나님께로 인도하실 수 있으시다. 그분은 이 점을 분명하게 말씀하셨다.

"예수께서 이르시되 내가 곧 길이요 진리요 생명이니 나로 말미암지 않고는 아버지께로 올 자가 없느니라"(요 14:6)

예수님은 태초에 말씀으로 계셨다(요 1:1).

그 말씀이신 하나님이 육신이 되어 우리 가운데 거하셨다(요 1:14).

그분은 완전하신 하나님이고 동시에 참된 인간이셨다.

예수님이 참된 인간이라는 많은 증거들이 있다.

그분은 육체를 가진 어머니에게서 태어나셨다.

그분은 한 가정에서 성장하셨다.

그분은 젊은 시절 작은 마을에서 목수로 보내셨다.

그분은 30세에 가르치는 일을 시작하여 집과 소유도 없이 이스라엘의 성과 촌을 두루 다니시며 가르치셨다.

그분은 몇몇 친구들을 불러 모으셨는데, 그 중에는 어부들과 세금 걷는 이들도 있었다. 그분은 3년 동안 돌아다니시면서 병을 고치시고, 가르치시며, 사람들의 궁핍한 것을 채워주셨다.

그분은 산에서 조용히 혼자 계시면서 자신의 아버지께 기도하기를 좋아하셨다. 그분은 집에서 사람들과 함께 지내며 대화하는 것을 즐기셨다. 그분은 다양한 사람들과 친하게 지내셨다. 지식이 많은 바리새인으로부터 사회에서 멸시받는 도둑과 윤락녀에 이르기까지 모든 사람들과 가까이 지내셨다.

그분은 배고프고 목마른 것이 무엇인지 아셨다.

그분은 먹지 않으면 주리셨고(마 4:2), 그분은 육체적으로 오래 걸으셔서 피곤하셨으며(요 4:6), 그분은 하루를 고되게 일하시고는 주무셨다(막 4:38). 그분은 슬픔을 보고 인간으로서 눈물을 흘리셨으며(요 11:35), 그분은 성장과정을 거치셨고(눅 2:52), 그분은 출생지와 호적까지 있었다(마 2:1).


예수님이 참된 하나님이라는 많은 증거들이 있다.

그분은 문둥병자를 만져주셨고, 모든 종류의 병을 고쳐주셨다.

때로는 많은 증인들이 보는 가운데서 죽은 사람을 다시 살리셨다.

그분은 귀신에게 귀신들린 사람에게서 나가라고 명령하여 귀신들린 사람에게 평안과 온전함을 되찾아 주셨다.

그분은 다른 사람을 섬기고 돕는 삶을 사셨다.

그분에게는 허물이 하나도 없으셨다.

그분은 사람들에게 실수하여 사과한 일이 없으셨다.

그분은 자신의 이익 추구나 시기나 불친절함도 없으셨다.

그분은 수시로 순수한 사랑을 보여주셨다.

그분도 화를 내셨지만 그 화는 정당하고 완전한 절제 가운데 이루어졌다. 그분이 화를 내신 것은 하나님의 집이 기도하는 집이 되기는커녕 착취와 탐욕의 집으로 사용되었기 때문이다.

그분을 심문했던 로마 총독 빌라도마저도 그분에게서 죄를 찾지 못했다. 그러므로 예수님은 우리의 중보자로서 우리의 죄 값을 지불하시고 우리를 죄와 저주에서 우리를 해방시켜주셨다.

"우리가 아직 죄인 되었을 때에 그리스도께서 우리를 위하여 죽으심으로 하나님께서 우리에 대한 자기의 사랑을 확증하셨느니라"(롬 5:8)

우리가 의인으로서 하나님을 위해 많은 일을 할 때 그분이 돌아가신 것이 아니라 우리가 아직 죄인 되었을 때에 그분이 우리의 죄 값을 지불하셨다.

이 얼마나 순수한 사랑이며 무조건적인 사랑인가?

우리가 하나님 앞에 부족하고 허물투성이고, 하나님 앞에 원수 되었을 때(롬 5:10)에 그분이 우리의 중보자로서 우리를 위해 십자가에서 죽으심으로 하나님은 우리에 대한 사랑을 확증하셨다.

베드로는 이 점을 명확하게 말한다.

"그리스도께서도 단번에 죄를 위하여 죽으사 의인으로서 불의한 자를 대신하셨으니 이는 우리를 하나님 앞으로 인도하려 하심이라 육체로는 죽임을 당하시고 영으로는 살리심을 받으셨으니"(벧전 3:18)

죄가 없는 분이 의롭지 못한 우리를 대신하셨다.

우리를 대신해서 십자가에 죽으셨으니 이것이 진정한 사랑이 아니고 무엇이겠는가?

예수님은 우리의 중보자로서 구원의 길이 되신다(요 14:6).

우리는 길 되시는 그분을 통해 하나님께 나아갈 수 있다.

그 길은 휘장 가운데로 열어 놓으신 새로운 길이요, 살아있는 길(히 10:20)이다. 예수님은 우리의 죄를 위해 죽으시고 운명하시자 성전 안에 있던 휘장이 위로부터 아래까지 찢어졌다.

그 결과 우리는 중보자 되시는 예수님을 통해 하나님 앞에 당당하게 나갈 수 있게 되었다.

그 휘장은 바로 예수님의 육체였다.

예수님의 육체가 우리 죄 때문에 찢겨져 우리가 하나님께 나갈 수 있는 새로운 길, 살아있는 길이 열린 것이다.

예수님이 우리의 죄를 위해 죽으신 것이 성경의 핵심이요, 하나님의 계획이다. 성경은 이 점을 명확하게 말한다.

"내가 받은 것을 먼저 너희에게 전하였노니 이는 성경대로 그리스도 께서 우리 죄를 위하여 죽으시고 장사 지낸 바 되셨다가 성경대로 사흘 만에 다시 살아나사"(고전 15:3-4)

예수님은 자신이 우리의 죄를 용서할 수 있다고 선언하셨다.

한 중풍병자를 향하여 그분은 모든 사람이 보는 가운데서 "네 죄사함 을 받았느니라"(마 9:2)고 선포하셨다.

그분은 오직 하나님이 하실 수 있는 일을 자신이 할 수 있다고 공공 연하게 주장하셨다.

그분은 자신을 통해 하나님께 갈 수 있다고 분명하게 말씀하셨다.

"나로 말미암지 않고는 아버지께로 올 자가 없느니라"(요 14:6)

그분은 자신에게 오는 모든 자에게 평안을 주시겠다고 약속하셨다.

"평안을 너희에게 끼치노니 곧 나의 평안을 너희에게 주노라 내가 너희에게 주는 것은 세상이 주는 것과 같지 아니하니라 너희는 마음에 근심하지도 말고 두려워하지도 말라"(요 14:27)

우리의 중보자 되시는 그분을 아는 것은 하나님을 아는 것이다.

그분을 보는 것은 하나님을 보는 것이다.

그분을 믿는 것은 하나님을 믿는 것이다.

그분을 미워하는 것은 하나님을 미워하는 것이다.

그분을 공경하는 것은 하나님을 공경하는 것이다.

이 엄청난 말들은 반드시 진실이다.

그렇지 않다면 예수님께서는 거짓말쟁이나 사기꾼 또는 미치광이가 되신다.

그러나 그의 완벽한 삶과 놀라운 가르침은 그가 지상에서 살았던 사람들 가운데 가장 경이로운 존재임을 증언하고 있다.

그러므로 우리도 중보자 되시는 예수님을 통해 우리의 죄의 문제를 해결할 수 있다.

## 보혈을 통한 죄 해결 법칙

예수님이 우리의 죄를 대속하시기 위해 자신의 피를 흘려주셨다.

그러므로 성경은 피 흘림의 책이다.

성경에서 처음 등장하는 피 흘림의 사건은 창세기 3장 21절이다.

인간이 죄를 범한 후에 자신의 수치를 가리기 위해 무화과나무 잎으로 치마를 만들어 입었지만 소용이 없었다.

다음 구절에 담긴 하나님의 사랑을 보라.

"여호와 하나님이 아담과 그의 아내를 위하여 가죽옷을 지어 입히시니라"

하나님이 가죽으로 옷을 만들어 입혀주셨는데 이 짐승의 가죽은 그 짐승을 죽여 피를 흘려야만 얻을 수 있었다.

창세기 4장에서도 하나님은 아벨의 피 있는 제사는 받아주셨고, 가인의 제사는 받아주시지 않으셨다.

노아가 드린 제사에도 피가 있었다.

창세기 22장에서 아브라함이 드린 제사에도 피가 있었다.

출애굽기 12장에서 하나님이 이스라엘 백성들을 애굽에서 구원하실 때에도 피가 있었다.

"너희는 이스라엘 온 회중에게 말하여 이르라 이 달 열흘에 너희 각자가 어린 양을 잡을지니 각 가족대로 그 식구를 위하여 어린 양을 취하되"(출 12:3)

레위기에 나타난 제사인 번제와 화목제와 속죄제와 속건제에도 모두 피가 있었다. 이 피의 역사는 계속 이어져 예수님이 우리 죄를 대속하시기 위해 십자가에 달려 피를 흘리신 갈보리 언덕까지 이어진다.

그래서 요한계시록은 상당히 분명하게 선포한다.

"또 충성된 증인으로 죽은 자들 가운데에서 먼저 나시고 땅의 임금들의 머리가 되신 예수 그리스도로 말미암아 은혜와 평강이 너희에게 있

기를 원하노라 우리를 사랑하사 그의 피로 우리 죄에서 우리를 해방하시고"(계 1:5)

하나님은 이 피를 통해 인간의 죄를 사하시겠다고 인간과 언약을 맺으셨다. 예수님이 언약을 성취하시기 위해 피를 흘려주셨다.

예수님은 분명하게 말씀하셨다.

"이것은 죄 사함을 얻게 하려고 많은 사람을 위하여 흘리는 바 나의 피 곧 언약의 피니라"(마 26:28)

예수님이 말씀하신대로 우리를 위해 물과 피를 다 흘려주셨다.

"그 중 한 군인이 창으로 옆구리를 찌르니 곧 피와 물이 나오더라, 염소와 송아지의 피로 하지 아니하고 오직 자기의 피로 영원한 속죄를 이루사 단번에 성소에 들어가셨느니라"(요 19:34, 히 9:12)

그분은 이 말씀대로 단번에 속량을 이루어주셨다.

'단번에'라는 의미는 '영원토록 단 한번'이라는 뜻이다.

예수님이 자기 피로 영원토록 단번에 속량을 이루어 주셨기 때문에 우리도 단번에 죄의 용서함을 받는다.

단번에 구원을 얻는 것이다.

히브리서의 기자는 구약의 짐승의 피도 어느 정도 효력이 있어 정결하게 하고, 거룩하게 했는데, 예수님의 피가 우리의 죄를 깨끗하게 해서 거룩한 하나님을 섬기지 못하게 하겠느냐고 반문한다.

"염소와 황소의 피와 및 암송아지의 재를 부정한 자에게 뿌려 그 육체를 정결하게 하여 거룩하게 하거든 하물며 영원하신 성령으로 말미암아 흠 없는 자기를 하나님께 드린 그리스도의 피가 어찌 너희 양심을 죽은 행실에서 깨끗하게 하고 살아 계신 하나님을 섬기게 하지 못하겠느냐"(히 9:13-14)

우리는 짐승의 피가 아닌 예수님의 피로 우리의 죄를 용서받는다.

예수님의 피는 우리를 하나님께로 더 가까이 나아가게 한다.

성경은 이 점을 명확하게 말씀한다.

"이제는 전에 멀리 있던 너희가 그리스도 예수 안에서 그리스도의 피로 가까워졌느니라"(엡 2:13)

우리가 구원받기 전에 그리스도밖에 있었고, 이스라엘 나라 밖의 사람이며, 약속들의 언약들에 대해 외인이요, 세상에서 소망도 없고 하나님도 없는 자들로 있을 때에, 예수님이 십자가에서 보혈의 피를 흘려주셔서 우리가 하나님께 가까이 나아갈 수 있게 되었다.

예수님의 보혈은 우리를 모든 죄에서 깨끗하게 하실 수 있다.

성경은 분명하게 말한다.

"그가 빛 가운데 계신 것 같이 우리도 빛 가운데 행하면 우리가 서로 사귐이 있고 그 아들 예수의 피가 우리를 모든 죄에서 깨끗하게 하실 것이요"(요일 1:7)

여기에서 핵심은 '모든'이라는 말이다.

우리의 죄의 일부가 아니라 모든 죄가 용서된다.

우리가 말한 거짓말이나 지금까지 범했던 모든 더럽고 추잡한 행위, 우리의 위선이나 탐욕적인 생각이 모두 예수님의 피에 의해 깨끗하게 되었다. 예수님이 귀한 보혈을 흘려주신 결과로 우리는 의롭게 되었다.

성경은 분명하게 말씀한다.

"그러면 이제 우리가 그의 피로 말미암아 의롭다 하심을 받았으니 더욱 그로 말미암아 진노하심에서 구원을 받을 것이니"(롬 5:9)

예수님의 피는 하나님 앞에서 인간의 위치를 변화시켰다.

우리에게 죄책감과 정죄로부터 해방감과 죄사함을 통한 변화를 주셨다. 우리는 예수님의 피로 죄사함을 받았다. 성경은 분명하게 말씀한다.

"우리는 그리스도 안에서 그의 은혜의 풍성함을 따라 그의 피로 말미암아 속량 곧 죄 사함을 받았느니라"(엡 1:7)

이 말씀에서 '곧'이라는 말은 앞과 뒤가 같다는 뜻이다.

즉 속량이 바로 죄 사함이다.

예수님의 속량으로 죄 사함을 받았다.

하나님께 용서받은 우리는 복역 기간을 치르고 풀려 나왔으나 시민으로서 누리는 권리를 박탈당한 죄수와는 다르다.

예수님의 피로 말미암아 죄 사함 받은 우리는 완전한 시민권을 되찾았다.

예수님의 손과 발로부터 죄를 깨끗하게 하는 피가 흘러내렸다.

그분의 온몸도 피로 물들었다.

가시관 쓰신 이마에서도 피가 흘러나왔다.

바로 예수님께서 흘리신 그 피가 하나님과 화목할 수 있는 유일한 소망이 되는 보혈이다.

성경은 분명하게 말씀한다.

"그의 십자가의 피로 화평을 이루사 만물 곧 땅에 있는 것들이나 하늘에 있는 것들이 그로 말미암아 자기와 화목하게 되기를 기뻐하심이라"(골 1:20)

세계는 예수 그리스도의 십자가에서 평화를 발견하기 전에는 결코 평화롭게 될 수 없다. 우리가 십자가 밑에 나아가 믿음으로 그분을 만나기 전에는, 하나님과의 평화도, 양심의 평화도, 마음의 평화도, 영혼의 평화도 누릴 수 없기 때문에 예수님의 피 이 얼마나 놀라운 보혈인가?

그러므로 우리는 예수님의 보혈을 통해 죄의 문제를 해결할 수 있다.

CHAPTER 4

# 부활복음

우리에게 하나님이 만드신 십자가의 완전한 복음이 이루어지려면 부활복음의 핵심이 무엇인지 바로 알아야 한다. 우리가 부활복음의 핵심을 모르면 십자가의 완전한 복음이 이루어지지 않기 때문이다.

우리는 예수 그리스도의 죽으심과 오순절 사이에서 공포에 잠겨 있던 초기 제자들을 발견할 수 있다. 그때에 예수님의 수제자였던 베드로마저도 서글픈 마음으로 물고기를 잡으려고 세상으로 나아갔다.

그 때 그에게는 소명감이나 사명감도 없어보였다.

다른 제자들도 하나같이 그들에게 일어난 일들에 대해 두려움으로 떨고 있었다.

하지만 시간이 흐르자 두려움에 떨고 있던 제자들은 사도행전에서는 놀랍게 변화되어 목숨을 걸고 복음을 증거하고 있었다.

그들은 초대교회를 세우는 놀라운 사역자로 변화된 것이다.

그렇다면 두려움에 떨고 있던 제자들이 놀랍게 변화된 이유가 무엇일까?

무엇이 그들을 이토록 놀랍게 변화시켰을까?

그 비결은 부활복음에 있다.

그들은 예수 그리스도의 부활을 경험한 후에야 완전히 변화된 삶을 살아갈 수 있었다. 그렇다면 부활복음의 핵심은 무엇일까?


## 부활복음의 핵심은 복음의 완성이다.

우리 하나님께서 만드신 십자가의 완전한 복음에서 예수 그리스도의 부활이 차지하는 비중은 어떠할까?

예수 그리스도의 부활은 하나님께서 만드신 완전한 복음의 가장 중요한 중심축이 된다.

그러므로 예수 그리스도께서 십자가에서 죽으시고 사흘 만에 부활하시지 못했다면 완전한 복음은 성립될 수 없다.

바울이 고린도전서 15장 1-4절에서 소개한 복음의 내용에서 예수 그리스도의 십자가의 죽으심과 부활은 나란히 소개된다.

바울이 고린도교회 성도들에게 복음을 전한 이유는 그들이 복음을 제대로 이해하고 깨닫기 원해서 복음이 무엇인지 설명하였다.

복음이란 무엇일까?

복음이란 예수 그리스도의 죽음과 부활이다.

복음이란 성경의 예언대로 우리의 죄를 위해 죽으시고 성경의 예언대로 사흘 만에 다시 부활하신 예수님을 우리 인생의 주인으로 모시는 것이다.

"형제들아 내가 너희에게 전한 복음을 너희에게 알게 하노니 이는 너희가 받은 것이요 또 그 가운데 선 것이라 너희가 만일 내가 전한 그 말을 굳게 지키고 헛되이 믿지 아니하였으면 그로 말미암아 구원을 받으리라 내가 받은 것을 먼저 너희에게 전하였노니 이는 성경대로 그리스도께서 우리 죄를 위하여 죽으시고 장사 지낸 바 되셨다가 성경대로 사흘 만에 다시 살아나사"(고전 15:1-4)

바울은 이 말씀에서 성경의 예언대로 우리 예수님께서 우리의 죄를 위해 십자가에서 죽으셨다고 강조할 뿐만 아니라 성경의 예언대로 예수님께서 사흘 만에 부활하셨다고 증언한다.

그러므로 복음에서 십자가뿐만 아니라 부활도 너무나 중요한 것이다. 만약에 예수님께서 부활하시지 못하셨다면 복음은 완성될 수 없고, 복음이 완성되지 못했다면 우리가 전하는 복음도 헛것이 되며, 우리의 죄의 문제도 해결할 수 없기 때문에 우리가 여전히 죄인으로 하나님의 심판을 피할 수 없게 되는 것이다.

따라서 바울은 복음에서 예수 그리스도의 부활의 중요성을 강조했다.

"그리스도께서 만일 다시 살아나지 못하셨으면 우리가 전파하는 것도 헛것이요 또 너희 믿음도 헛것이며 또 우리가 하나님의 거짓 증인으로 발견되리니 우리가 하나님이 그리스도를 다시 살리셨다고 증언하였음이라 만일 죽은 자가 다시 살아나는 일이 없으면 하나님이 그리스도를 다시 살리지 아니하셨으리라 만일 죽은 자가 다시 살아나는 일이 없으면 그리스도도 다시 살아나신 일이 없었을 터이요 그리스도께서 다시 살아나신 일이 없으면 너희의 믿음도 헛되고 너희가 여전히 죄 가운데 있을 것이요 또한 그리스도 안에서 잠자는 자도 망하였으리니"(고전 15:14-18)

그러므로 예수님의 부활이 없다면 복음을 전하는 것도 헛되고, 믿음도 헛되고, 복음이 성립되지 못함으로 죄를 용서 받을 수도 없고, 예수님의 생명을 선물로 받을 수도 없는 것이다.

그러므로 우리 예수님은 우리를 의롭다고 인정해 주시기 위해 부활하셨다.

또한 우리는 예수님을 주인으로 인정하고 예수님의 죽으심과 부활을 믿어야 구원을 받는다.

우리 예수님께서는 죽은 자 가운데서 부활하심으로 말미암아 우리를 거듭나게 하셨다.

"예수는 우리가 범죄한 것 때문에 내줌이 되고 또한 우리를 의롭다 하시기 위하여 살아나셨느니라"(롬 4:25)

"네가 만일 네 입으로 예수를 주로 시인하며 또 하나님께서 그를 죽은 자 가운데서 살리신 것을 네 마음에 믿으면 구원을 받으리라 사람이 마음으로 믿어 의에 이르고 입으로 시인하여 구원에 이르느니라"(롬 10:9-10)

"우리 주 예수 그리스도의 아버지 하나님을 찬송하리로다 그의 많으신 긍휼대로 예수 그리스도를 죽은 자 가운데서 부활하게 하심으로 말

미암아 우리를 거듭나게 하사 산 소망이 있게 하시며" (벧전 1:3)

그럼에도 불구하고 오늘날 우리가 복음을 전할 때 예수님의 부활을 제대로 강조하지 못하는 경향이 있다.

그러므로 우리는 복음에서 십자가의 죽음을 강조하는 것과 마찬가지로 예수님의 부활도 강조해야 한다.

## 부활복음의 핵심은 예수님이 하나님으로 인정되신 것이다.

예수님께서 부활하심으로 나를 통치하시고, 나를 다스리시는 왕이 되셨고, 내 인생의 주인이 되셨으며, 나의 구세주가 되시는 자격을 얻으셨다.

따라서 바울은 예수님께서 부활하셨기 때문에 하나님의 아들로 인정되셨다고 선포한다.

"성결의 영으로는 죽은 자들 가운데서 부활하사 능력으로 하나님의 아들로 선포되셨으니 곧 우리 주 예수 그리스도시니라"(롬 1:4)

우리 예수님께서 죽은 자들 가운데서 부활하사 능력으로 하나님의 아들로 선포되신 것이다. 그러므로 그분이 바로 성자 하나님이시며, 그분이 우리의 인생의 주인이 되시는 것이다.

따라서 십자가 위에서 죽으신 예수님이 하나님이라는 증거는 부활로 입증되었다. 예수님이 십자가에서 흘리신 보혈이 하나님의 피라는 것도 입증되었다. 그러므로 죄 없으신 예수님의 보혈이 우리의 모든 죄를 대속하시므로 우리는 죄 사함을 받은 것이다.

"우리는 그리스도 안에서 그의 은혜의 풍성함을 따라 그의 피로 말미암아 속량 곧 죄 사함을 받았느니라"(엡 1:7)

성경은 예수님께서 부활하심으로 인정되신 여러 가지 사실들을 증언하고 있다.

예수님이 부활하심으로 잠자는 자들의 첫 열매가 되셨다(고전 15:20).

여기서 잠자는 자들은 예수 믿고 죽은 성도들을 지칭한다. 따라서 부활의 첫 열매가 맺혔다면 자연스럽게 부활의 다음 열매도 열리게 되는데 그것이 바로 그리스도인의 부활이다.

예수님이 부활하심으로 하나님 우편으로 승천하셔서 우리를 위해 간구하신다(롬 8:34).

예수님이 부활하심으로 세세토록 살아 있어 사망과 음부의 열쇠를 가지셨다(계 1:18).

그러므로 예수님은 나의 하나님, 나를 다스리시는 왕, 내 인생의 주인으로 인정되신 것이다.


사실 복음은 하나님 나라의 복음이다.

왜 우리가 하나님 나라의 복음을 믿어야 하는가?

하나님의 나라가 가까이 왔기 때문이다.

"이르시되 때가 찼고 하나님의 나라가 가까이 왔으니 회개하고 복음을 믿으라"(막 1:15)

"회개하라 천국이 가까이 왔느니라"(마 3:2)

그러므로 우리 예수님은 하나님 나라의 복음을 전파하셨다.

그분은 각 성과 마을에 두루 다니시며 하나님 나라의 복음을 전하셨고, 다른 동네에서도 하나님 나라의 복음을 전파하셨다.

그리고 그분이 십자가에 죽으시고 사흘 만에 부활하사 하나님 나라의 일을 말씀하셨다.

"율법과 선지자는 요한의 때까지요 그 후부터는 하나님 나라의 복음이 전파되어 사람마다 그리로 침입하느니라"(눅 16:16)

"그 후에 예수께서 각 성과 마을에 두루 다니시며 하나님의 나라를 선포하시며 그 복음을 전하실새 열두 제자가 함께 하였고"(눅 8:1)

"예수께서 이르시되 내가 다른 동네들에서도 하나님의 나라 복음을 전하여야 하리니 나는 이 일을 위해 보내심을 받았노라 하시고"(눅 4:43)

"그가 고난 받으신 후에 또한 그들에게 확실한 많은 증거로 친히 살아 계심을 나타내사 사십 일 동안 그들에게 보이시며 하나님 나라의 일을 말씀하시니라"(행 1:3)

그러므로 부활하신 예수님을 목격한 사도 바울도 하나님 나라의 복음을 전파하였다. 그는 회당에 들어가 석 달 동안 담대히 하나님 나라에 관하여 강론하며 가르치셨다.

그는 사도행전 마지막에서도 하나님의 나라를 전파하며 담대하게 거침없이 하나님의 나라를 가르치셨다.

"바울이 회당에 들어가 석 달 동안 담대히 하나님 나라에 관하여 강론하며 권면하되"(행 19:8)

"보라 내가 여러분 중에 왕래하며 하나님의 나라를 전파하였으나"(행 20:25)

"하나님의 나라를 전파하며 주 예수 그리스도에 관한 모든 것을 담대하게 거침없이 가르치더라"(행 28:31)

그러므로 우리가 전하는 복음은 하나님 나라의 복음이며, 하나님 나라의 왕은 우리 예수님이 되신다.

그러므로 그분이 왕으로서 우리를 통치하시기 때문에 우리는 그분의 다스림을 받아야 한다.

그러므로 예수님께서 부활하심으로 우리의 왕으로 인정되셨기 때문에 우리는 그분을 나의 왕으로 모시고 그분의 통치와 다스림을 받아야 한다.


## 부활복음의 핵심은 성도들의 변화된 삶이다.

예수님께서 십자가에서 죽으심으로 그를 따르던 제자들은 실망과 좌절감에 빠져 세상으로 나아갔다. 하지만 그분이 십자가에서 죽으신지 사흘 만에 부활하시자 실의에 빠져 있는 제자들은 갑자기 새로운 사람으로 변화되었다.

예수님의 제자 도마가 무엇을 목격하고 참된 신앙인으로 변화되었는가? 도마도 예수님의 부활을 경험하고 놀랍게 변화되어 예수님을 자신의 진정한 주인과 하나님으로 고백했다.

그러므로 예수님의 제자들은 예수님이 부활한 후에야 예수님을 하나님으로 고백하게 되었다.

"도마에게 이르시되 네 손가락을 이리 내밀어 내 손을 보고 네 손을 내밀어 내 옆구리에 넣어 보라 그리하여 믿음 없는 자가 되지 말고 믿는 자가 되라 도마가 대답하여 이르되 나의 주님이시요 나의 하나님이시니이다"(요 20:27-28)

"죽은 자 가운데서 살아나신 후에야 제자들이 이 말씀하신 것을 기억하고 성경과 예수께서 하신 말씀을 믿었더라"(요 2:22)

이 말씀에서 가장 중요한 말씀은 '살아나신 후에야'라는 말씀이다.

바로 예수님께서 부활하신 후에야 제자들은 하나님의 말씀과 예수님께서 하신 말씀을 믿게 되었다.

사도 바울도 부활하신 예수님을 만났기 때문에 변화된 삶을 살았고, 예수님을 위해 수많은 사역을 감당할 수 있었다.

사도 바울이 고린도교회 성도들에게 전한 복음 속에 무엇이 강조되고 있는가? 고린도전서 15장 1-11절을 읽어보면, 바로 예수님의 부활이 강조되고 있다.

"형제들아 내가 너희에게 전한 복음을 너희에게 알게 하노니 이는 너희가 받은 것이요 또 그 가운데 선 것이라 너희가 만일 내가 전한 그 말을 굳게 지키고 헛되이 믿지 아니하였으면 그로 말미암아 구원을 받으리라 내가 받은 것을 먼저 너희에게 전하였노니 이는 성경대로 그리스도께서 우리 죄를 위하여 죽으시고 장사 지낸 바 되셨다가 성경대로 사흘 만에 다시 살아나사 게바에게 보이시고 후에 열두 제자에게와 그 후에 오백여 형제에게 일시에 보이셨나니 그 중에 지금까지 대다수는 살아 있고 어떤 사람은 잠들었으며 그 후에 야고보에게 보이셨으며 그 후에 모든 사도에게와 맨 나중에 만삭되지 못하여 난 자 같은 내게도 보이셨느니라 나는 사도 중에 가장 작은 자라 나는 하나님의 교회를 박해하였으므로 사도라 칭함 받기를 감당하지 못할 자니라 그러나 내가 나 된 것은 하나님의 은혜로 된 것이니 내게 주신 그의 은혜가 헛되지 아니하여 내가 모든 사도보다 더 많이 수고하였으나 내가 한 것이 아니요 오직 나와 함께 하신 하나님의 은혜로라 그러므로 나나 그들이나 이같이 전파하매 너희도 이같이 믿었느니라"

이 말씀에 의하면 사도 바울이 전한 복음 속에는 반드시 부활이 포함되어 있었다. 그러므로 바울이 강조한 것은 예수님의 부활이 사실이기 때문에 부활하신 예수님이 만난 사람들을 다양하게 소개하고 있다.

예수님께서 부활하신 후에 누구에게 나타나셨을까?

부활하신 예수님은 사도 베드로에게 나타나셨고, 열두 제자들에게 나타나셨고, 오백여 형제들에게 일시에 보이셨다. 그리고 예수님의 친동생 야고보에게 나타나셨고, 마지막에는 바울에게도 나타나셨다.

그러므로 사도 바울은 부활하신 예수님을 만났기 때문에 모든 사도들보다 더 많이 수고하였다. 그리고 예수님의 부활의 복음을 고린도교회 성도들에게 전함으로 말미암아 그들도 믿게 되었다.

또한 예수님을 세 번이나 부인한 베드로가 목숨 걸고 복음을 전하는 사람으로 변화된 것은 요한복음 21장에서 부활하신 예수님이 베드로와 다른 제자들에게 나타나셨기 때문이다.

"그 후에 예수께서 디베랴 호수에서 또 제자들에게 자기를 나타내셨으니 나타내신 일은 이러하니라"(요 21:1)

베드로는 부활하신 예수님을 통해 목양사역의 사명을 받고, 그때부터 수제자로서 예수 부활의 복음을 전하였다.

그러므로 사도행전 2장의 오순절 설교에서 베드로가 강조한 것도 예수님의 부활복음이다. 사도 베드로는 유대인들에게 "너희가 죽인 예수님을 하나님께서 사망의 고통에서 풀어 살리셨다"고 강하게 도전했다.

"그가 하나님께서 정하신 뜻과 미리 아신 대로 내준 바 되었거늘 너희가 법 없는 자들의 손을 빌려 못 박아 죽였으나 하나님께서 그를 사망의 고통에서 풀어 살리셨으니 이는 그가 사망에 매여 있을 수 없었음이라"(행 2:23-24)

그리고 하나님께서 예수님을 살리셨고, 사도들이 이 부활사건의 증인이라고 선포했다. 그러므로 사도 베드로가 변화된 것은 예수님의 부활복음을 체험했기 때문이다.

그러므로 사도 베드로는 기회가 있을 때마다 예수님의 부활복음을 전파했다. 사도 베드로가 사도행전 3장에서 예루살렘 성전 미문에 앉아 있는 앉은뱅이를 고쳐주고 솔로몬 행각에서 설교할 때도 예수님의 부활을 증언했다.

"너희가 거룩하고 의로운 이를 거부하고 도리어 살인한 사람을 놓아주기를 구하여 생명의 주를 죽였도다 그러나 하나님이 죽은 자 가운데

서 그를 살리셨으니 우리가 이 일에 증인이라"(행 3:14-15)

사도행전 4장에서 제사장들과 성전 맡은 자와 사두개인들과 대제사장들과 대제사장의 문중들이 베드로와 요한을 잡아 감옥에 가두고 심문하고 위협한 것도 그들이 예수님의 부활을 전파했기 때문이다.

"사도들이 백성에게 말할 때에 제사장들과 성전 맡은 자와 사두개인들이 이르러 예수 안에 죽은 자의 부활이 있다고 백성을 가르치고 전함을 싫어하여"(행 4:1-2)

사도 베드로는 다시 한 번 이스라엘 백성들에게 예수님의 부활을 전파하며 부활하신 예수님이 참된 구원자라고 소개했다.

"너희와 모든 이스라엘 백성들은 알라 너희가 십자가에 못 박고 하나님이 죽은 자 가운데서 살리신 나사렛 예수 그리스도의 이름으로 이 사람이 건강하게 되어 너희 앞에 섰느니라 이 예수는 너희 건축자들의 버린 돌로서 집 모퉁이의 머릿돌이 되었느니라 다른 이로써는 구원을 받을 수 없나니 천하 사람 중에 구원을 받을 만한 다른 이름을 우리에게 주신 일이 없음이라 하였더라"(행 4:10-12)

그러므로 앉은뱅이가 일어난 것은 그냥 예수님의 이름으로 일어난 것이 아니라 하나님이 죽은 자 가운데서 살리신 나사렛 예수 그리스도의 이름으로 일어나 건강하게 된 것이다.

사도 베드로가 사도행전 10장에서 고넬료에게 복음을 전할 때도 예수 부활의 복음을 전파했다.

"우리는 유대인의 땅과 예루살렘에서 그가 행하신 모든 일에 증인이라 그를 그들이 나무에 달아 죽였으나 하나님이 사흘 만에 다시 살리사 나타내시되 모든 백성에게 하신 것이 아니요 오직 미리 택하신 증인 곧 죽은 자 가운데서 부활하신 후 그를 모시고 음식을 먹은 우리에게 하신 것이라 우리에게 명하사 백성에게 전도하되 하나님이 살아 있는 자와 죽은 자의 재판장으로 정하신 자가 곧 이 사람인 것을 증언하게 하셨고 그에 대하여 모든 선지자도 증언하되 그를 믿는 사람들이 다 그의 이름을 힘입어 죄 사함을 받는다 하였느니라"(행 10:39-43)

그러므로 예수님의 부활복음은 모든 사람을 변화시킬 수 있는 능력이다. 예수님께서 십자가에서 우리의 죄와 죽음을 정복하시고 부활하심으로 나를 다스리시는 왕으로, 나의 삶을 통치하시는 주인으로 인정되셨기 때문에 그분을 인생의 주인으로 믿을 때 당연히 우리도 변화되는 것이다.

나를 창조하신 창조주 하나님께서 나의 죄를 위해 죽으셨다가 부활하셨다는 사실을 부활을 통해 입증하셨기 때문에 우리의 삶이 변화되어 나는 죽고 예수님이 나의 인생의 주인으로 살아가시기 때문에 우리의 삶이 변화되는 것은 너무도 당연한 것이다.

하지만 우리가 복음을 전할 때 예수님의 부활복음을 전하지 않으면 예수님을 구세주로만 믿을 뿐 우리 인생의 주인으로는 받아드리지 않는다. 그러면 삶의 변화는 기대하기 어렵다.

하지만 예수님이 부활하심으로 그분이 나의 인생의 주인이 되시고, 나의 왕이 되시고, 나의 하나님이 되시기 때문에 그분께 순종하고 그분이 우리의 삶을 통치하시면 우리는 반드시 변화될 수 있는 것이다.

그러므로 우리는 부활의 사건으로 말미암아 예수님이 나의 하나님이라는 것을 확인하고, 오직 그분께 굴복하고, 오직 그분께 충성을 다해야 한다.

그러므로 오늘날에도 수많은 사람들이 예수 그리스도의 부활복음을 믿고, 그분께 삶의 주도권을 드리고 변화되어 예수님을 섬기고 있는 것이다.


## 부활복음의 핵심은 생명이고 풍성한 삶이다.

만일 우리 예수님께서 성경의 예언대로 우리의 죄를 위해 죽으셨으나 사흘 만에 부활하시지 못하셨다면 우리는 영생을 얻을 수 없다.

하지만 그분이 죽음을 이기시고 부활하셨기 때문에 우리는 예수님의 생명을 얻게 되었다. 그리고 그 생명은 영원하신 하나님의 생명이기 때문에 우리는 영생을 얻게 되었다.

그리고 우리는 그 영생을 통해 풍성한 삶을 살아갈 수 있다. 바로 초대교회의 제자들의 변화된 삶이 이를 증명하고 있기 때문이다.

그러므로 예수 그리스도의 부활을 믿는 사람들은 이 땅에서 하나님을 따르고, 하나님을 의지하며, 성경에서 약속한 풍성한 삶을 살아가는 것이다. 그러므로 우리도 부활복음과 예수님이 주신 생명으로 풍성한 삶을 살아갈 수 있다.

처음에 인간은 하나님이 주신 생명으로 말미암아 풍성한 축복을 누리며 행복하게 살고 있었다. 하지만 인간이 죄를 범함으로 하나님과 교통할 수 있는 영이 죽어 하나님이 주신 생명과 자유와 권세와 능력을 잃어버렸다.

결국 인간은 사탄의 포로가 되어 불행하게 살아가기 때문에 인간에게 가장 필요한 것은 풍성한 삶을 살게 하는 예수님의 생명이었다.

그런데 우리 예수님이 세상에 오셔서 십자가에서 죽으시고 사흘 만에 부활하심으로 말미암아 마귀의 일을 멸하시고, 마귀의 권세와 능력을 깨뜨리시고, 사망 권세를 물리치시고 승리하셨다.

예수님이 우리의 모든 죄를 용서하시고, 우리에게 생명을 주심으로 우리를 살려 주셨다. 예수님이 우리를 대적하는 모든 율법의 저주를 도말하시고 제하여 버리사 십자가에 못 박으셨다.

예수님이 사탄의 정사와 권세를 벗어버리고, 사탄의 전략을 밝히 드러내시고, 십자가로 승리하셨다.

예수님이 우리의 모든 저주를 담당하시고, 완전한 복음을 통해 우리에게 참된 해방과 자유를 주셨다.

우리에게 이렇게 놀라운 축복이 이루어졌다는 증거와 보증으로 우리에게 성령님을 보내주셨다. 그러므로 우리는 이제 부활복음으로 생명을 누리며 풍성한 삶을 살아야 한다.


그렇다면 구원이란 무엇일까?

구원이란 예수의 생명으로 다시 살아나는 것이다.

영적으로 죽어 있는 사람을 다시 살리는 것이 구원이다.

많은 사람들이 구원을 생명을 얻는 것으로 생각하지 못하고, 단순히 죄 사함을 받는 것으로만 생각한다.

인간이 죄를 지어서 하나님의 용서가 필요했기 때문에 구원을 죄 사함을 받고 하늘나라에 들어가는 것으로만 생각한다.

하지만 우리의 죄 문제만 해결된다고 우리의 모든 문제가 해결되는 것은 아니다. 인간이 죄인이기 때문에 죄 사함이 필요할 뿐만 아니라 인간이 죄로 말미암아 죽어 있었기 때문에 예수님의 생명이 필요한 것이다. 그러므로 우리는 부활복음으로 주어지는 생명을 깨달아야 한다.

우리도 부활복음을 통해 하나님의 생명을 얻으면 우리도 하나님이 예비하신 풍성한 삶을 살아갈 수 있다.

그러므로 예수님은 우리에게 풍성한 생명을 선물로 주시기 위해 이 세상에 오셨다. 그러므로 완전한 복음을 이해하고 깨달은 사람은 이미 영생을 가지고 있다.

"내가 온 것은 양으로 생명을 얻게 하고 더 풍성히 얻게 하려는 것이라"(요 10:10)

"내가 그들에게 영생을 주노니 영원히 멸망하지 아니할 것이요 또 그들을 내 손에서 빼앗을 자가 없느니라 그들을 주신 내 아버지는 만물보다 크시매 아무도 아버지 손에서 빼앗을 수 없느니라"(요 10:28-29)

여기에 언급된 생명 혹은 영생이라는 단어는 요한복음 가운데 40회 정도 사용되었다. 요한은 요한복음의 결론에서 성경을 기록한 목적이 생명을 얻게 하려는 것이라고 강조했다.

"오직 이것을 기록함은 너희로 예수께서 하나님의 아들 그리스도이심을 믿게 하려 함이요 또 너희로 믿고 그 이름을 힘입어 생명을 얻게 하

려 함이니라"(요 20:31)

그러므로 성경을 기록한 목적은 예수님이 하나님의 아들로서 우리의 인생의 주인과 구세주가 되신다는 사실을 믿게 하려는 것이다.

그 사실을 믿을 뿐만 아니라 우리가 예수님의 이름을 힘입어 생명을 얻게 하려는 것이다. 따라서 구원이란 부활복음으로 예수님의 생명을 얻는 것이다. 그렇다면 우리는 어떻게 영생을 얻을 수 있을까?

첫째로 우리가 영생을 얻으려면 우리는 영적으로 다시 태어나야 한다.

우리가 육체적인 생명을 얻는 것처럼 우리는 영적으로 다시 태어나야 영생을 얻을 수 있다. 우리는 육체적인 생명을 어떻게 얻었는가?

과학은 우리에게 모체의 생명을 나누어 주는 출생을 통해 생명이 얻어진다고 말한다. 마찬가지로 우리의 영적인 생명도 영적인 출생을 통해 하나님의 생명인 영생을 얻는다. 오직 출생만이 어느 경우에나 새로운 생명을 부여받는 근원이다.

그러므로 이 세상의 종교는 우리에게 생명을 줄 수 없다.

세상의 종교는 완전한 복음을 깨달아 소유할 수 있는 영생을 주지 못한다. 하지만 우리 예수님께서는 우리에게 영원한 생명을 선물로 주신다. 따라서 영원한 생명을 가진 성도는 죽음을 두려워하지 않는다.

우리의 영혼을 주와 함께 거하게 하는 죽음 자체를 두려워할 필요가 없다. 그러므로 참된 생명을 소유한 그리스도인은 죽음을 향해 이렇게 외친다.

"사망아 너의 승리가 어디 있느냐 사망아 네가 쏘는 것이 어디 있느냐"(고전 15:55)

영생을 가진 우리에게 죽음이란 흙으로 지어진 세상을 떠나 축복된 부활의 소망 가운데 주의 얼굴을 뵙기 위해 떠나는 것이다.

우리가 부활한 후에는 더 이상 죽지 않는 부활의 육체를 가지게 된다. 소망도 없고 약속된 미래도 없는 종교인들과는 완전히 다르다.

인간이라면 본능적으로 죽음과 아픔과 고통을 두려워하겠지만 축복과 형언할 수 없는 기쁨이 있는 천국에서 그리스도와 함께 영원히 살기 위해 이 세상에 작별을 고하는 죽음이란 결코 두려운 것이 아니다.

이것이 종교가 주지도, 알지도 못하는 영원한 생명이다.

그러므로 우리가 이 영생을 소유했다면 어떠한 것도 우리를 넘어지게 하지 못한다. 죽음까지도 이제 우리를 해하지 못한다.


둘째로 우리가 영생을 얻으려면 우리에게 영생이 없음을 인정해야 한다.

그러므로 사도 요한은 요한복음 3장 16절에서 이렇게 말씀한다.

"하나님이 세상을 이처럼 사랑하사 독생자를 주셨으니 이는 그를 믿는 자마다 멸망하지 않고 영생을 얻게 하려 하심이라"

하나님께서 우리에게 하나밖에 없는 독생자 예수님을 보내주신 이유는 우리가 멸망을 당하지 않고 영생을 얻게 하려는 것이다.

그러므로 처음에 우리에게는 영생이 없었다.

우리에게 처음에 영생이 없었던 이유는 우리가 죄와 허물로 인하여 영적으로 죽어 있었기 때문이다.

"그는 허물과 죄로 죽었던 너희를 살리셨도다"(엡 2:1)

그러므로 처음에 우리에게는 영생이 없었다.

이 말씀에서 '너희'는 구원받은 에베소 교회 성도들을 지칭하기 때문에 그들은 구원받기 전에 죄와 허물로 인하여 영적으로 죽어 있었다.

하지만 우리 하나님 아버지는 죽은 우리를 살리기 위해 예수님을 보내주셨다.

"하나님의 사랑이 우리에게 이렇게 나타난바 되었으니 하나님이 자기의 독생자를 세상에 보내심은 그로 말미암아 우리를 살리려 하심이라"(요일 4:9)

그러면 우리는 언제 영적으로 죽었을까?

아담과 하와가 사탄의 유혹으로 말미암아 선악과를 따먹는 순간 아담은 그 즉시 영적으로 죽었다. 그들의 육신이 죽은 것이 아니라 그들이 하나님과 교통할 수 있는 영이 죽었다.

그렇다면 영적으로 죽어 있는 사람은 어떻게 살아갈까?

영적으로 죽어 있는 사람은 하나님을 찾지 않고, 죄악의 쾌락 가운데 살아간다. 영적으로 죽어 있는 사람들은 영적인 일을 할 수도 없다.

선과 악을 알고도 악을 선택하는 사람들도 영적으로 죽어 있기 때문에 하나님이 하신 사역을 깨닫지 못하고, 하나님을 예배할 수도 없다.

그들은 하나님께 영광을 돌릴 수도 없다.


"육에 속한 사람은 하나님의 성령의 일들을 받지 아니하나니 이는 그것들이 그에게는 어리석게 보임이요 또 그는 그것들을 알 수도 없나니

그러한 일은 영적으로 분별되기 때문이라"(고전 2:14)

그러므로 영적으로 죽은 사람들은 영적인 일을 할 수도 없고, 하나님께 영광을 돌릴 수도 없고, 하나님을 예배할 수도 없고, 하나님을 섬길 수도 없기 때문에 영생을 얻고 새로운 생명으로 다시 살아나야 한다.

셋째로 우리가 영생을 얻으려면 영생이 어디에 있는지 알아야 한다.
하나님 아버지께서 아들이신 예수님께 생명을 주셨기 때문에 영생은 예수님 안에 있다.
그래서 바울도 예수님 안에 영생이 있다고 설명했다.
"아버지께서 자기 속에 생명이 있음 같이 아들에게도 생명을 주어 그 속에 있게 하셨고"(요 5:26)
"하나님의 은사는 그리스도 예수 우리 주 안에 있는 영생이니라"(롬 6:23)
그러므로 예수님께서 우리의 길이요 진리요 생명이시다(요 14:6). 하나님의 아들이신 예수님 안에 생명이 있었다.
사도 요한도 하나님이 우리에게 영생을 주셨으며, 이 생명이 그의 아들 안에 있다고 선포하고 있기 때문에 영생은 예수님 안에 있다.
"또 증거는 이것이니 하나님이 우리에게 영생을 주신 것과 이 생명이 그의 아들 안에 있는 그것이니라 아들이 있는 자에게는 생명이 있고 하나님의 아들이 없는 자에게는 생명이 없느니라 내가 하나님의 아들의 이름을 믿는 너희에게 이것을 쓰는 것은 너희로 하여금 너희에게 영생

이 있음을 알게 하려 함이라"(요일 5:11-13)

넷째로 우리가 영생을 얻으려면 생명의 주인 되시는 예수님을 마음에 영접해야 한다.

어떤 사람이 생명을 가지고 있을까?

사도 요한은 하나님의 아들 예수님이 있는 사람은 생명이 있고, 하나님의 아들 예수님이 없는 사람은 생명이 없다고 분명하게 말했다.

"아들이 있는 자에게는 생명이 있고 하나님의 아들이 없는 자에게는 생명이 없느니라 내가 하나님의 아들의 이름을 믿는 너희에게 이것을 쓰는 것은 너희로 하여금 너희에게 영생이 있음을 알게 하려 함이라"(요일 5:12-13)

그러므로 우리가 예수님을 우리 마음속에 영접하면 영생을 얻을 수 있다. 예수님이 우리 마음에 들어오실 때 생명을 가지고 들어오시기 때문에 우리가 예수님을 영접했다면 우리는 예수님의 생명을 가질 수 있다. 그러므로 우리는 예수님을 영접해야 영생을 얻는다.

예수님 안에 하나님의 생명이 있기 때문이다.

그러므로 예수님을 영접하면 영생을 얻고, 부활 생명을 체험할 수 있다. 그 결과 우리는 놀라운 기쁨과 평안과 행복을 경험할 수 있다.

그래서 바울은 예수님이 우리의 생명이 되신다고 증언하고 있다.

"우리 생명이신 그리스도께서 나타나실 그 때에 너희도 그와 함께 영광 중에 나타나리라"(골 3:4)

다섯째로 우리가 영생을 얻으려면 완전한 복음을 듣고 성령으로 깨달아야 한다.

사도 요한과 예수님의 제자들은 태초부터 있었던 생명의 말씀에 관하여 들었고, 보았고, 만졌다고 말한다. 그리고 그 생명이 세상에 나타났다고 말하며, 자신들이 나타난 생명을 보았다고 말한다.

그렇다면 이 세상에 나타난 생명은 누구를 지칭하겠는가?

당연히 우리 주 예수님을 지칭한다.

그러므로 우리 예수님은 태초에 생명의 말씀으로 계셨다.

그리고 그 말씀 안에 생명이 있었다(요 1:4).

예수님의 제자들은 이 영원한 생명을 체험하고 우리에게 생명을 전해주었다.

"태초부터 있는 생명의 말씀에 관하여는 우리가 들은 바요 눈으로 본 바요 자세히 보고 우리의 손으로 만진 바라 이 생명이 나타내신 바 된지라 이 영원한 생명을 우리가 보았고 증언하여 너희에게 전하노니 이는 아버지와 함께 계시다가 우리에게 나타내신 바 된 이시니라"(요일 1:1-2)


그러므로 우리가 생명의 말씀을 들었다면 이제 우리 성령님께서 완전한 복음을 깨닫게 해주셔야 우리가 완전한 복음을 믿고 살아날 수 있다. 그래서 사도 요한은 성령님께서 우리를 살리신다고 증언한다.

"살리는 것은 영이니 육은 무익하니라 내가 너희에게 이른 말은 영이요 생명이라"(요 6:63)

우리는 이제 성령님의 역사로 완전한 복음을 깨닫고 예수 그리스도를 인생의 주인과 구세주로 영접했다면 우리는 이제 하나님의 생명을 가지고 있다. 하나님의 생명은 영원한 생명이다.

그러므로 구원은 생명과 죽음에 관한 것이다.

구원이란 무엇일까?

죽은 사람을 살리는 것이 구원이다.

긍휼이 풍성하신 하나님이 허물로 죽은 우리를 그리스도와 함께 살려주셨기 때문에 우리는 하나님의 은혜로 구원을 받았다.

우리는 이제 영생을 얻었고 죽음에서 생명으로 옮겨지는 축복을 받았다.

"긍휼이 풍성하신 하나님이 우리를 사랑하신 그 큰 사랑을 인하여 허물로 죽은 우리를 그리스도와 함께 살리셨고 너희는 은혜로 구원을 받은 것이라"(엡 2:4-5)

"내가 진실로 진실로 너희에게 이르노니 내 말을 듣고 또 나 보내신 이를 믿는 자는 영생을 얻었고 심판에 이르지 아니하나니 사망에서 생명으로 옮겼느니라"(요 5:24)

우리는 이제 창조와 부활의 생명을 가지고 있다.

예수님께서 우리의 죄를 위해 죽으시고 부활하심으로 우리에게 부활의 생명을 주셨다.

우리는 부활의 의미를 알아야 한다.

부활의 문자적 의미는 생명이 회복되었다는 뜻이다.

우리가 구원을 받았기 때문에 우리의 생명이 회복되었다.

죄와 허물로 죽었던 영이 다시 살아나게 되었다.

타락하기 이전으로 회복되어 영이 살아 있는 영적인 존재가 되었다. 그때부터 우리는 하나님과 교통하며 아름다운 관계를 맺고 행복하게 살아갈 수 있다.

우리는 죄와 허물로 죽어 있었지만 예수님의 부활복음을 통해 예수님의 생명을 얻고 회복되어 새로운 삶을 살아간다.

그러므로 예수님의 생명이 없는 사람은 새로운 삶을 살아갈 수 없다. 죄인에게는 용서가 필요했지만 우리는 더 심각하게 영적으로 죽어 있었기 때문에 생명이 필요했다. 그러므로 우리는 생명을 얻어야 영이 살아나고 하나님과 교제하며 행복하고 풍성한 삶을 살아갈 수 있다.

"내가 온 것은 양으로 생명을 얻게 하고 더 풍성히 얻게 하려는 것이라"(요 10:10)

그러므로 예수님의 부활복음은 새로운 삶을 살게 한다.

사실 우리의 죄 사함은 내세와 관계가 있지만 우리가 영생을 얻으면 그 생명은 현세와 관계가 있어 우리의 삶에 활력을 주는 것이다.

따라서 바울은 부활복음을 통해 주어지는 구원을 이렇게 설명한다.

"곧 우리가 원수 되었을 때에 그의 아들의 죽으심으로 말미암아 하나님과 화목하게 되었은즉 화목하게 된 자로서는 더욱 그의 살아나심으로 말미암아 구원을 받을 것이니라"(롬 5:10)

바울은 여기서 우리가 하나님과 원수 관계에 있었지만 예수님께서 십자가에서 우리의 모든 죄를 대속하심으로 우리의 모든 죄를 용서받고 하나님과 화목한 관계가 되었다고 말한다.

하지만 그것만으로는 부족하기 때문에 이제 하나님과 화목 된 우리는 더욱 예수님의 살아나심(부활)으로 말미암아 구원을 받아야 한다고 강조한다. 그런데 여기에 소개된 구원은 미래형으로 기록되어 있다.

"구원을 받을 것이니라"

따라서 여기에서 말하는 구원은 이미 죄 사함을 받은 칭의를 말하는 것이 아니라 성화의 구원으로 우리의 매일의 삶속에서 죄를 이기고, 승리하며, 기뻐하는 삶을 사는 것을 말하고 있다.

따라서 예수님의 부활복음은 생활의 구원과 관계가 있다.

예수님의 부활은 영원한 생명과 관련이 있다.

우리가 죄 용서함을 받는 것은 천국과 관계가 있지만 우리가 예수 믿고 영생을 얻었다면 우리가 죽음 다음에 영생을 누리는 것이 아니라 영생을 얻는 순간부터 이 땅에서부터 영생의 축복을 누리고, 하늘나라에 들어가서도 영생의 축복을 누리는 것이다.

예수 그리스도를 믿고 구원받은 사람은 죽음 가운데서 다시 살아나서 성령의 역사로 말미암아 영적인 일들에 대하여 깨어 있어 죄로부터 분리된 삶을 살아가는 것이다.

예수 그리스도의 생명을 가진 우리는 예수님이 우리 안에 살아계시는 것을 확신해야 한다. 우리가 예수님의 생명을 가지고 있다는 것은 그분이 내 안에 들어와 우리와 함께 살아가시는 것을 의미한다.

그분이 내 안에 들어오신 이유가 무엇일까?

우리 안에 잠자리를 마련하고 잠을 자기 위해 오시는 것이 아니라 그분은 우리 안에서 살아가기 위해서 우리 안에 들어오신 것이다.

그분의 육체가 들어오시는 것이 아니라 성령님을 통해 들어오셨다.

이제 우리는 그분이 사시도록 그분께 모든 것을 내려놓아야 한다.

우리가 가진 영생이란 무엇인가?

영생이란 참 하나님과 예수 그리스도를 아는 것이다.

"영생은 곧 유일하신 참 하나님과 그가 보내신 자 예수 그리스도를 아는 것이니이다"(요 17:3)

그분을 바로 알고 그분과 함께 살아가는 것이 영생이다.

그러므로 우리가 풍성한 삶을 살아가려면 우리 안에 계시는 그리스도를 바로 알아야 한다. 그리스도께서 내 안에 살아 계시는 것이 풍성한 삶의 비결이기 때문이다. 그분이 내 안에 살아 계시는 것이 비결이다.

예수님의 생명을 가진 우리는 그리스도께서 실제로 가장 중요한 존재로 우리 안에 살아 계시는 것을 체험할 수 있어야 한다.

예수 그리스도께서 친히 우리 안에 오셔서 살아가시는 것이 영광스러운 우리의 소망인 것이다.

그리스도께서 우리의 심령에 들어오심으로 내재하시면서 우리의 심령을 주관하시고 우리를 통하여 살아가시는 것이다.

그러므로 우리는 그리스도 안에서 새로운 근원을 갖게 되었다.

우리 안에는 살아 계신 영원한 생명적 실재가 들어와 계시는 것이다. 그리고 이미 그리스도께서 살아계신 생명으로 우리 안에 들어와 계시기 때문에 우리를 넘어지게 할 수 없는 것이다.

우리가 가진 생명은 우리를 죽게 만들었던 죄를 이긴 부활의 생명이기 때문이다.

## 부활복음의 핵심은 예수님을 하나님으로 믿을 수 있는 유일한 표적이다.

유대인들은 무엇보다도 이적과 기사와 표적을 좋아했다.

"유대인은 표적을 구하고 헬라인은 지혜를 찾으나 우리는 십자가에 못 박힌 그리스도를 전하니 유대인에게는 거리끼는 것이요 이방인에게는 미련한 것이로되 오직 부르심을 받은 자들에게는 유대인이나 헬라인이나 그리스도는 하나님의 능력이요 하나님의 지혜니라"(고전 1:22-24)

하지만 이스라엘 백성들과 유대인들은 하나님이 행하시는 이적과 기사와 표적을 보고도 실패하였다.

구약에서 애굽을 탈출한 이스라엘 백성들은 광야에서 하나님께서 행하시는 수많은 기적과 표적을 보고도 하나님을 불신했으며, 하나님께 원망하고, 수많은 죄를 범함으로 하나님께 심판과 멸망을 당하였다.

따라서 예수님께서도 자신이 행하시는 표적과 기적을 보고 믿는 믿음을 인정하지 않으셨다.

"유월절에 예수께서 예루살렘에 계시니 많은 사람이 그의 행하시는 표적을 보고 그의 이름을 믿었으나 예수는 그의 몸을 그들에게 의탁하지 아니하셨으니 이는 친히 모든 사람을 아심이요 또 사람에 대하여 누구의 증언도 받으실 필요가 없었으니 이는 그가 친히 사람의 속에 있는 것을 아셨음이니라"(요 2:23-25)

그럼에도 불구하고 유대인들은 끊임없이 예수님께 표적 보여주기를 요청했다.

"그 때에 서기관과 바리새인 중 몇 사람이 말하되 선생님이여 우리에게 표적 보여주시기를 원하나이다"(마 12:38)

"바리새인과 사두개인들이 와서 예수를 시험하여 하늘로부터 오는 표적 보이기를 청하니"(마 16:1)

"그들이 묻되 그러면 우리가 보고 당신을 믿도록 행하시는 표적이 무엇이니이까"(요 6:30)

"또 더러는 예수를 시험하여 하늘로부터 오는 표적을 구하니"(눅 11:16)

"유대인들이 예수께 말하기를 네가 이런 일을 행하니 무슨 표적을 우리에게 보이겠느냐"(요 2:18)

"바리새인들이 나와서 예수를 힐난하며 그를 시험하여 하늘로부터 오는 표적을 구하거늘 예수께서 마음속으로 깊이 탄식하시며 이르시되 어찌하여 이 세대가 표적을 구하느냐"(막 8:11-12)

그러므로 우리 예수님께서는 표적과 기사를 보지 못하면 도무지 믿지 못하는 그들을 꾸짖으셨다.

"예수께서 이르시되 너희는 표적과 기사를 보지 못하면 도무지 믿지

아니하리라"(요 4:48)

하지만 우리 예수님께서 많은 표적을 그들 앞에서 보여주셨음에도 불구하고 그들은 예수님을 믿지 않았다.

"이렇게 많은 표적을 그들 앞에서 행하셨으나 그를 믿지 아니하니"(요 12:37)

그렇다고 우리 예수님께서 표적을 구하는 그들에게 표적을 주시지 않았을까?

우리 예수님께서는 자신이 하나님으로 인정될 수 있는 유일한 표적을 하나 보여주셨는데 그것이 바로 요나의 표적이었다.

요나의 표적은 예수님께서 십자가에서 죽으시고 사흘 만에 부활하셔서 하나님으로 인정되실 수 있는 유일한 표적이기 때문이다.

예수님께서 보여주신 부활 외에는 어떤 표적으로도 예수님이 하나님이시라는 사실을 보여줄 수 없기 때문이다.

"예수께서 대답하여 이르시되 악하고 음란한 세대가 표적을 구하나 선지자 요나의 표적 밖에는 보일 표적이 없느니라 요나가 밤낮 사흘 동안 큰 물고기 뱃속에 있었던 것 같이 인자도 밤낮 사흘 동안 땅 속에 있으리라"(마 12:39-40)

"악하고 음란한 세대가 표적을 구하나 요나의 표적 밖에는 보여 줄 표적이 없느니라 하시고 그들을 떠나 가시니라"(마 16:4)

"무리가 모였을 때에 예수께서 말씀하시되 이 세대는 악한 세대라 표적을 구하되 요나의 표적 밖에는 보일 표적이 없나니"(눅 11:29)

우리 예수님께서는 반복해서 "요나의 표적 밖에는 보일 표적이 없다"라고 분명하게 말씀하셨다.

그렇다면 우리 예수님께서 보여주신 표적이 왜 요나의 표적 밖에 없을까?

요나의 표적은 바로 예수님의 부활을 증언하는 확실한 증거가 되는 유일한 표적이기 때문이다.

요나의 표적은 예수님께서 우리의 죄를 위해 십자가에서 죽으시고 사흘 만에 부활하심으로 자신이 하늘로부터 오신 창조주 하나님이라는 사실을 증언하는 표적이기 때문이다.

우리 예수님께서 수많은 표적을 보여 주셨지만 그러한 표적들은 예수님께서 하나님이라는 것을 증명할 수 있는 표적이 아니기 때문이다.

만약에 우리 예수님께서 심지어 죽은 사람을 살리시고, 수많은 질병들을 즉시 치유해 주셨더라도 그분이 십자가에서 죽으시고 부활하시지 못하셨다면 그분은 결코 하나님의 아들로 인정되실 수 없는 것이다.

그러므로 요나의 표적은 예수님이 하나님이라는 사실을 분명하게 보여준 유일한 표적이다. 그러므로 예수님의 제자들도 그분이 죽은 자 가운데서 살아나신 후에야 예수님을 하나님으로 믿었던 것이다.

그러므로 예수님의 부활은 모든 사람들이 예수님을 하나님으로 믿을 수 있는 확실한 증거이다.

"알지 못하던 시대에는 하나님이 간과하셨거니와 이제는 어디든지 사람에게 다 명하사 회개하라 하셨으니 이는 정하신 사람으로 하여금 천하를 공의로 심판할 날을 작정하시고 이에 그를 죽은 자 가운데서 다

시 살리신 것으로 모든 사람에게 믿을 만한 증거를 주셨음이니라"(행 17:30-31)

그러므로 부활복음이면 예수님을 하나님으로 믿을 수 있는 확실한 증거가 되기 때문에 부활복음이면 충분하다.

다른 표적을 구할 필요가 없는 것이다.

그럼에도 불구하고 오늘날 많은 사람들이 자신의 신앙생활에서 수많은 이적과 기사와 표적을 갈망하고 있다.

그들은 어떤 신비한 체험을 간구하고 있다.

자꾸 무엇인가를 경험하려고 하며, 어떤 신비한 음성을 들으려고 하며, 어떤 환상을 보려고 추구하고 있다.

하지만 그들이 미래에 관한 예언을 하고, 질병을 치유하고, 귀신을 내보낸다 하더라도 그것이 예수님을 하나님으로 믿을 수 있는 확실한 증거는 될 수 없다. 그러므로 부활복음은 예수님을 하나님으로 믿을 수 있는 유일한 표적이다.


## 부활복음의 핵심은 성경 예언의 성취이다.

예수님의 부활사건은 메시야에 대한 성경 예언의 성취였다.

그러므로 시편에서 다윗은 예수님의 부활을 이렇게 예언했다.

"이는 주께서 내 영혼을 스올에 버리지 아니하시며 주의 거룩한 자를 멸망시키지 않으실 것임이니이다"(시 16:10)

사도 베드로는 오순절 날 사도행전 2장 25-31절에서 다윗이 시편을 통해 예수님의 부활을 예언했는데 그것이 성취되었다고 설교했다.

베드로는 사도행전 2장 27절에서 이렇게 말씀한다.

"이는 내 영혼을 음부에 버리지 아니하시며 주의 거룩한 자로 썩음을 당하지 않게 하실 것임이로다"

그리고 사도행전 2장 30-32절에서 이렇게 말씀한다.

"그는 선지자라 하나님이 이미 맹세하사 그 자손 중에서 한 사람을 그 위에 앉게 하리라 하심을 알고 미리 본 고로 그리스도의 부활을 말하되 그가 음부에 버림이 되지 않고 그의 육신이 썩음을 당하지 아니하시리라 하더니 이 예수를 하나님이 살리신지라 우리가 다 이 일에 증인이로다"

베드로는 이 말씀에서 다윗은 미래 사건을 예언하는 선지자라고 증언한다. 다윗이 예수님의 부활을 미리 내다보고 예수님의 부활을 선포했다고 말한다.

또한 예수님께서 부활하신 후에 엠마오로 가는 두 제자들에게 나타나셔서 친히 자신의 부활을 증언하되 구약의 예언된 여러 말씀들을 통해서 자신의 부활을 증명하셨다.

"이르시되 미련하고 선지자들이 말한 모든 것을 마음에 더디 믿는 자들이여 그리스도가 이런 고난을 받고 자기의 영광에 들어가야 할 것이 아니냐 하시고 이에 모세와 모든 선지자의 글로 시작하여 모든 성경에 쓴 바 자기에 관한 것을 자세히 설명하시니라"(눅 24:25-27)

또한 우리 예수님께서 부활하신 후에 자신의 열한 제자들에게 나타나셔서 자신이 구약의 예언대로 부활하셨다는 것을 여러 성경 말씀을 통해 증명하셨다.

"또 이르시되 내가 너희와 함께 있을 때에 너희에게 말한 바 곧 모세의 율법과 선지자의 글과 시편에 나를 가리켜 기록된 모든 것이 이루어져야 하리라 한 말이 이것이라 하시고 이에 그들의 마음을 열어 성경을 깨닫게 하시고 또 이르시되 이같이 그리스도가 고난을 받고 제삼 일에 죽은 자 가운데서 살아날 것과 또 그의 이름으로 죄 사함을 받게 하는 회개가 예루살렘에서 시작하여 모든 족속에게 전파될 것이 기록되었으니 너희는 이 모든 일의 증인이라"(눅 24:44-48)

이처럼 예수님의 부활은 구약에 예언대로 이루어져 역사적 사실이 되었다. 이와 같은 부활의 증거가 없다면 우리가 예수님을 쉽게 믿을 수 있겠는가? 도저히 믿을 수 없을 것이다.

그래서 예수님의 부활이 역사적 사실인지를 알아내려고 고민한 사람들이 있었다. 그 중의 한 사람이 "누가 돌을 치웠는가?"라는 책을 쓴 영국의 프랭크 모리슨이다. 모리슨의 의도는 예수님의 부활이 역사적 사실이 아니라는 것을 증명하려고 연구하기 시작했다.

하지만 성경과 역사적 사실을 연구를 하다 보니 예수님께서 부활하셨다는 것을 믿게 되었다.

영국의 길버트 웨스트와 리틀톤이라는 변호사도 기독교에 대한 적대감을 가지고 기독교를 무너뜨릴 궁리를 하고 있었다. 이들은 예수 그리스도의 부활과 사울의 회심 이야기가 역사성이 결여되었다는 사실을 입증만 하면 기독교는 모래성처럼 허물이 지게 될 것이라는 데 의견일치를 보았던 것이다. 길버트는 예수의 부활에 대해, 리틀톤은 사울의 회심에 대한 책을 각각 쓰기로 의논을 했다.

그들은 성경을 포함한 많은 책을 읽고 연구를 하던 중 얼마 후에 그들은 다시 만났다. 하지만 그들의 결론은 놀라웠다. 아무리 보아도 예수님은 부활하셨고, 사울은 다메섹에서 회심한 것이 사실이라는 것을 알게 된 것이다. 그래서 그들이 조사하고 연구한 책이 "예수 그리스도의 부활"과 "사울의 회심"이라는 책이다.

"벤허"라는 영화의 원작을 쓰기 전까지 월러스는 예수 그리스도에 대해서 아무 것도 몰랐다. 그는 예수를 믿는 것을 우습게 여겨 "기독교는 얼마 후에 이 세상에서 존재를 감추고 우리의 기억 속에서만 남을 것이다."라고 말하기까지 했다. 하지만 월러스가 소설을 쓰기 위해 성경을 읽고, 역사적인 자료들을 검토하면서 그는 예수의 죽으심과 부활 앞에 무릎을 꿇었다. 따라서 부활복음의 핵심은 성경 예언의 성취인 것이다.

05

# 완전한 회개

우리에게 십자가의 완전한 복음이 이루어지려면 죄 사함을 얻게 하는 완전한 회개를 해야 한다. 우리가 완전한 회개를 하지 않으면 완전한 복음이 이루어지지 않기 때문이다.

오늘날 일부에서 전해지고 있는 복음은 죄인들로 하여금 그릇된 희망을 갖게 한다. 자신의 근본적인 죄에 대해 깊이 인식할 필요도 없이, 또 근본적인 죄에서 돌이키는 완전한 회개가 없어도 예수님께서 십자가에서 자신을 위해 죽으셨다는 것에 동의만 하면 구원받았다는 식으로 가르친다.

하지만 성경이 말하는 완전한 회개를 하지 않으면 절대로 구원을 받을 수 없다.

구약 성경에서 회개라는 단어는 "슈브"라는 단어가 사용되었는데, 이 단어는 항상 죄로부터 돌아서서 하나님께로 향하는 것을 의미한다.

그것은 마음과 뜻과 정성과 힘을 다해서 하나님께로 돌아서는 것이다. 그리고 신약 성경에서 회개라는 단어가 사용될 때는 언제나 목표의 변화, 특히 근본적인 죄로부터의 돌이키는 것을 의미한다.

완전한 회개는 그리스도에 대한 태도를 근본적으로 바꾸는 것은 물론, 양심의 가책을 포함하며, 많은 경우에 자신의 죄에 대한 슬픔을 수반한다.

그러나 그것은 구원받기 전에 무엇을 고쳐야 한다는 것을 의미하는 것은 결코 아니다. 주님 앞에는 "내 모습 이대로" 나간다. 사실상 우리가 구원받기 전에는 근본적으로 아무 것도 고칠 수 있는 능력이 우리에게는 없다.

이러한 사실에 대해 존 맥아더가 잘 지적하고 있다.

"무엇보다도 회개는 구원에 앞서 자신의 삶을 바로 잡아 보려는 시도가 아님을 알아야 한다. 회개에로의 부르심은 믿음으로 그리스도께로 돌이키기 전에 죄를 청산하라는 명령이 아니다. 오히려 그것은 자신의 불의함을 깨닫고 그것을 미워하며, 그것에 등을 돌리고, 그리스도께 달려가 전심으로 그분을 받아드리는 명령이다."(존 맥아더,「구원얻는 믿음이란 무엇인가」, p.229)

그러므로 참된 회개는 구원에 있어서 필수적인 과정이다.

지금까지의 죄에서 돌이키겠다는 의지(돌이키겠다는 마음의 각오)

가 전혀 없이는 참된 구원이 이루어질 수 없다.

그렇기 때문에 이렇게 생각하는 사람은 구원받은 사람이 아니다.

"나는 구원을 받았어도 나의 삶의 방식을 전혀 바꾸지 않고 과거에 살던 그대로 살겠다"

우리가 십자가의 완전함 복음으로 구원받을 수 있는 기쁜 소식을 들었을 때 우리는 어떻게 반응해야 하는가?

예수님이 우리의 모든 죄를 십자가의 완전한 복음을 통해 단번에 다 해결하셨다는 사실을 진정으로 믿는다면 우리는 완전한 회개를 해야 한다.

## 완전한 회개

그렇다면 완전한 회개란 무엇인가?

우리가 완전한 회개를 하려면 우리가 회개해야할 근본적인 죄가 무엇인지 알아야 한다. 우리는 1장에서 근본적인 죄가 인간 스스로 하나님과 같이 되려는 교만한 죄라는 것을 이미 살펴보았다.

따라서 우리가 회개해야할 죄는 인간에게 범한 도덕적이고 윤리적인 죄악들이 아니다.

그러한 죄악들의 뿌리가 되는 근본적인 죄는 감히 피조물이 하나님이 되려는 야망을 품고 타락하여 하나님을 떠나서 자신이 인생의 주인이 되어 자기 마음대로 살아가는 죄이다.

따라서 우리는 당연히 이러한 근본적인 죄를 회개해야 한다.

따라서 완전한 회개는 다른 사람들에게 범한 도덕적이고 윤리적인 죄악들을 하나님께 기도로 토해내는 것이 아니다.

우리가 다른 사람들을 대상으로 지은 죄악들을 모두 찾아서 눈물로 회개한다고 해서 십자가의 완전한 복음이 이루어지는 것이 아니다.

우리에게 십자가의 완전한 복음이 이루어져 참된 구원을 받으려면 완전한 회개를 해야 한다. 완전한 회개란 우리가 다른 인간들을 대상으로 범한 죄가 아니라 하나님께 범한 근본적인 죄를 회개하는 것이다.

따라서 하나님 앞에 완전한 회개를 하려면 하나님께 범한 근본적인 죄가 무엇인지 정확하게 알아야 한다.

근본적인 죄가 무엇인지 모르는 사람은 하나님 앞에서 완전한 회개를 할 자격이 없는 사람이다.

따라서 완전한 회개는 우리 하나님께서 십자가의 완전한 복음으로 우리의 모든 죄의 값을 다 지불해 놓으셨는데 그 사실을 깨닫지 못해서 예수님을 믿지 않고, 내가 인생의 주인이 되어 내 마음대로 살았던 근본적인 죄로부터 돌이키는 것이다.

그러므로 근본적인 죄란 예수 그리스도를 믿지 않는 죄이고, 회개란 예수 믿지 않는 죄로부터 돌이키는 것이다.

그렇다면 예수 그리스도를 믿지 않는 것이 왜 근본적인 죄가 되는가?

그것은 사람들이 예수 그리스도를 믿지 않는 동기가 무엇인지 알면 왜 예수 믿지 않는 죄가 근본적인 죄가 되는지를 알 수 있다.

요한은 요한복음 16장 9절에서 근본적인 죄를 지적하고 있다.

"죄에 대하여라 함은 그들이 나를 믿지 아니함이요"(요 16:9)

바울은 로마서 1장 28절에서 근본적인 죄를 지적한다.
"또한 그들이 마음에 하나님 두기를 싫어하매 하나님께서 그들을 그 상실한 마음대로 내버려 두사 합당하지 못한 일을 하게 하셨으니"
사람들이 예수 그리스도를 믿지 않는 이유는 마귀 사탄이 그랬던 것처럼 자기가 하나님이 되고, 자기가 자기 인생의 주인이 되어 자기 마음대로 살기 위해서 예수 그리스도를 믿지 않는 것이다.

왜 사람들이 예수 그리스도를 자기 마음의 왕좌에 모시지 않는가?
그것 또한 자기가 자기 삶의 주인이 되어 자기 마음대로 살기 위해서 예수님을 마음 중심에 모시지 않는 것이다.
하지만 어떤 사람이 예수 그리스도를 자신의 마음 왕좌에 모셨다면 그는 자기가 인생의 주인이 되는 것을 포기하고, 예수님을 자신의 인생의 주인으로 모시고 살기 위해서 모시는 것이다.
그러므로 예수 그리스도를 믿지 않는 것이 인간이 범한 근본적인 죄인 것이다. 그래서 완전한 회개란 예수 믿지 않는 죄를 회개하고 예수 그리스도를 삶의 주인으로 인정하고 자신의 마음의 왕좌에 모시는 것이다.

# 회개란 죄를 사하는 능력

예수님께서는 세상에 오셔서 공적인 사역을 시작하실 때 제일 먼저 이렇게 말씀하셨다.

"이 때부터 예수께서 비로소 전파하여 이르시되 회개하라 천국이 가까이 왔느니라"(마 4:17)

예수님은 우리를 회개시키러 오셨다.

성경은 이 점을 분명하게 말씀한다.

"내가 의인을 부르러 온 것이 아니요 죄인을 불러 회개시키러 왔노라"(눅 5:32)

예수님은 동정과 사랑의 마음을 가지고 오셨지만, 그분은 즉시 인간의 죄를 지적하셨다. 예수님은 사람들이 하나님 앞에 근본적인 죄를 범한 죄인이라는 사실을 인정하고, 그 악한 길에서 돌이키라고 요구하셨다. 예수님께서는 사람들에게 사랑과 은혜와 자비를 베풀기 전에 완전한 회개가 선행되어야 한다고 말씀하셨다.


그분은 인간들의 근본적인 죄를 간과하시지 않으셨다.

그분은 자기비판을 요구하셨고, 완전히 180도 전향할 것을 요구하셨다.

회개는 하나님의 은혜를 받을 수 있도록 문을 여는 것과 같다.

마태복음 3장 1-3절에서 요한은 광야에서 회개하라고 선포했다.

예수님의 제자들이 전한 내용도 회개하라는 말씀이다.

"제자들이 나가서 회개하라 전파하고"(막 6:12)

예수님이 세상을 떠나실 때 마지막으로 죄사함을 얻게 하는 회개를
전파하라고 명령하셨다.

"또 그의 이름으로 죄 사함을 받게 하는 회개가 예루살렘에서 시작하
여 모든 족속에게 전파될 것이 기록되었으니 너희는 이 모든 일의 증인
이라"(눅 24:47-48)

따라서 회개는 죄사함을 얻게 하는 하나님의 능력이다.

예수님이 세상을 떠나신 후에 오순절 날 성령이 임하고, 제자들이 사
역을 시작할 때에 제자들 중 수제자였던 베드로는 '회개하라'고 강하게
선포했다(행 2:38, 3:19).

신약에서 예수님 다음으로 사역을 많이 했던 사도 바울은 밀레도에
서 에베소 지역의 사역자들에게 자신의 사역을 소개할 때 자신이 일평
생 동안 이 '회개'를 전파했다고 간증했다.

"바울이 밀레도에서 사람을 에베소로 보내어 교회 장로들을 청하니
오매 그들에게 말하되 아시아에 들어온 첫날부터 지금까지 내가 항상
여러분 가운데서 어떻게 행하였는지를 여러분도 아는 바니 곧 모든 겸
손과 눈물이며 유대인의 간계로 말미암아 당한 시험을 참고 주를 섬긴
것과 유익한 것은 무엇이든지 공중 앞에서나 각 집에서나 거리낌이 없
이 여러분에게 전하여 가르치고 유대인과 헬라인들에게 하나님께 대한
회개와 우리 주 예수 그리스도께 대한 믿음을 증언한 것이라 보라 이제
나는 성령에 매여 예루살렘으로 가는데 거기서 무슨 일을 당할지 알
지 못하노라"(행 20:17-22)

그는 아그립바 왕에게 자신은 이 회개를 전하다가 잡혀왔다고 말했다.

"아그립바 왕이여 그러므로 하늘에서 보이신 것을 내가 거스르지 아니하고 먼저 다메섹과 예루살렘에 있는 사람과 유대 온 땅과 이방인에게까지 회개하고 하나님께로 돌아와서 회개에 합당한 일을 하라 전하므로 유대인들이 성전에서 나를 잡아 죽이고자 하였으나 하나님의 도우심을 받아 내가 오늘까지 서서 높고 낮은 사람 앞에서 증언하는 것은 선지자들과 모세가 반드시 되리라고 말한 것밖에 없으니"(행 26:19-22)

요나는 니느웨 사람들이 회개할 때까지 니느웨에서 회개의 말씀을 전파했다.

하나님은 에스겔을 통해서 이스라엘 백성들에게 회개하라고 요청했다.

"주 여호와의 말씀이니라 이스라엘 족속아 내가 너희 각 사람이 행한 대로 심판할지라 너희는 돌이켜 회개하고 모든 죄에서 떠날지어다 그리한즉 그것이 너희에게 죄악의 걸림돌이 되지 아니하리라"(겔 18:30)

이처럼 성경이 회개를 강조한 이유는 회개란 죄를 사하는 능력이기 때문이다.


## 회개와 믿음

회개가 없는 믿음이 존재하지 않는 이유는 회개와 믿음은 항상 함께 일하기 때문이다. 회개란 예수 믿지 않는 사람이 하나님께 돌아서는 것이요, 믿음이란 예수님을 향하여 나아가게 하는 것이다.

회개와 믿음은 하나님의 동일한 사건의 긍정적인 면과 부정적인 면이다. 회개는 믿음이 없이는 불완전하여 이루어질 수 없다.

우리가 그리스도를 믿을 때, 우리는 우리의 근본적인 죄를 깨닫게 되며, 회개하게 된다.

사도 바울은 하나님께 대한 회개와 예수님께 대한 믿음을 전하였다. 예수님께서는 회개하지 않으면 망하게 된다고 경고하셨다.

"너희에게 이르노니 아니라 너희도 만일 회개하지 아니하면 다 이와 같이 망하리라"(눅 13:3)

밀라드 에릭슨은 그의 저서 "구원론"에서 회개의 의미를 이렇게 소개한다(P. 163-167).

"회개를 표현해 주는 두 개의 히브리어 단어가 있다. 하나는 '나함'인데 이것은 '헐떡이다. 한숨짓다. 신음하다'의 의미를 나타내는 하나의 의성어이다. 이것은 후에 '애통하다. 혹은 슬퍼하다'라는 뜻을 갖게 되었다. 흥미로운 것은 이 단어가 회개한다는 뜻으로 사용되는 곳에서 그 동사의 주어는 대개 인간이 아니라 하나님이라는 것이다. 주요한 실례를 창세기 6장 6절에서 찾아 볼 수 있다. '땅위에 사람 지으셨음을 한탄하사 마음에 근심하시고' 인간이 해야 하는 참된 회개의 형태는 '숩'이라는 단어에 의해서 좀 더 일반적으로 나타난다. 이것은 주님께로 돌아오라고 이스라엘에게 외치는 선지자들의 부름 속에서 광범위하게 사용되고 있다. 이것은 죄를 버리고 하나님과의 교제 속으로 돌아가야 할 필요성을 강조한다. '내 이름으로 일컫는 내 백성이 그들의 악한 길에서 떠나 스스로 낮추고 기도하여 내 얼굴을 찾으면 내가 하늘에서 듣고 그들의 죄를 사하고 그들의 땅을 고칠지라'(대하 7:14) 신약에서는 회개에 대하여 사용되는 두 개의 주요한 용어들이 있다. 첫째, '메타멜로마이'는 구약의 '나함'과 같이 회개의 감정적인 요소를 강조하여 '후회하는 것'을 뜻한다. 잘못된 일을 행한 것에 대해 후회하는 마음을 가리킨다. 예수님께서는 두 아들의 비유에서 그 단어를 사용하신다. 첫째 아들에게 아버지가 포도원에 가서 일하라고 명령했을 때 그는 '대답하여 이르되 아버지 가겠나이다 하더니 가지 아니하고'(마 21:29) 둘째 아들에게 말하니 '둘째 아들에게 가서 또 그와 같이 말하니 대답하여 이르되 싫소이다 하였다가 그 후에 뉘우치고 갔으니'(마 21:30)라고 했다. 예수께서는 그가 말씀하고 있는 대상들인 대제사장들과 바리새인들을 첫째 아들로 비유했고, 회개하는 죄인들을 둘째 아들로 비유하신 것이다. 회개를 나타내는 다른 중요한 신약의 용어는 '메타노에오'인데 그것은 문자 그대로 '어떤 것에 대하여 다르게 생각하거나 마음의 변화가 일어남'을 뜻한다. 요한의 설교의 특징이 바로 그 단어로 요약된다. '회개하라 천국이 가까이 왔느니라 하였으니'(마 3:2) 그것은 초대교회의 설교에 있어서도 핵심적인 단어였다. 오순절에 베드로는 무리들에게 다음과 같이 촉구했다. '베드로가 이르되 너희가 회개하여 각각 예수 그리스도의 이름으로 침례를 받고 죄 사함을 받으라 그리하면 성령의 선물을 받으리니'행 2:38) 우리가 이 회개의 내용들을 고찰해 볼 때 그것이 구원에 필요한 전제조건으로서의 중요한 요소인 사실을 간과할 수 없게 된다. 회개가 강조되는 여러 가지의 다양한 문맥들과 구절들을 보면 회개란 선택적인 것이 아니며, 필수 불가결한 요소임을 분명히 알 수 있다. 여러 가지 다른 문화적 배경 속에 있는 사람들 모두가 회개하도록 촉구되었다는 사실은 그것이 몇몇 특별한 지역의 상황에 있는 사람들만을 위하여 의도된 소식이 아님을 깨닫게 한다. 그보다 회개란 기독교 복음의 핵심적 내용이다. 우리가 회개의 바른 성질을 이해하는 것은 중요한 일이다. 회개란 자신의 죄에 대해 거룩한 통회의 마음을 갖고 그것으로부터 돌아설 결심을 하는 것이다. 참된 회개란 하나님께 대하여 죄를 지어 그분에게 끼친 상처로 인하여 자신의 죄를 슬퍼하는 것이다. 그런데 그 슬픔은 그 죄를 버리려는 진실한 소원이 동반되는 슬픔이다. 예수님을 그냥 믿고 은혜의 선물을 그냥 받아들이는 것만으로는 충분하지 않다. 그 인간의 내부에서의 참된 변화가 있어야만 한다는 것이다. 만일 깊이 있는 회개가 이루어지지 않으면 정말로 죄의 권세로부터 구원받은 사실에 대한 깨달음도 없게 될 것이다. 참된 헌신과 깊이 있는 믿음도 마찬가지로 결여될 수 있다."

따라서 회개한다는 뜻은 "돌아서다. 버리다. 포기하다. 고백하다."는 뜻이다. 죄인들은 모두가 멸망으로 인도하는 넓은 길로 나아간다.

그들은 하나님으로부터 멀리 떠나고 있다.

그래서 하나님은 죄인들이 구원을 받을 수 있도록 하나님께 오도록 죄인들을 부르고 계신다.

사람들은 교만과 패역 가운데 더욱더 죄 가운데로 깊이 빠져들고 있다. 하나님은 죄인이 죄를 미워하고 영생을 얻기 위해 하나님께 나아오기를 원하신다.

하나님은 사람들에게 회개하라고 명령하신다.

"알지 못하던 시대에는 하나님이 간과하셨거니와 이제는 어디든지 사람에게 다 명하사 회개하라 하셨으니"(행 17:30)

모든 사람이 회개해야 하는 이유는 분명하다.

하나님께서 모든 사람들에게 믿을 만한 증거를 이미 주셨기 때문이다.

"이는 정하신 사람으로 하여금 천하를 공의로 심판할 날을 작정하시고 이에 그를 죽은 자 가운데서 다시 살리신 것으로 모든 사람에게 믿을 만한 증거를 주셨음이니라 하니라"(행 17:31)

솔로몬은 이렇게 충고하고 있다.

"자기의 죄를 숨기는 자는 형통하지 못하나 죄를 자복하고 버리는 자는 불쌍히 여김을 받으리라"(잠 28:13)


## 회개란 죄를 시인하는 것

회개란 예수님이 십자가의 속량 사건을 통해서 나의 모든 죄를 단번에 다 해결하시고, 용서해 놓으셨지만, 그 사실을 깨닫지 못해서 믿지 않았던 예수 믿지 않는 죄를 시인하고, 용서를 비는 것이다.

구원을 위한 회개는 예수 믿지 않는 죄로부터 돌이키는 것이다.

하나님이 나를 창조해 주셨는데, 예수님이 나의 죄 때문에 십자가에 돌아가셨는데 그것을 믿지 않는 것이 얼마나 큰 죄인가?

그 사실을 깨닫지 못해 믿지 않고 내 마음대로 살아왔던 근본적인 죄를 시인하고 용서를 구하는 것이다.

만일 어떤 사람이 지옥에 들어간다면 그는 죄를 너무 많이 지어서 지옥에 가는 것이 아니라 예수님께서 자신의 죄를 다 해결해 주셨다는 사실을 믿지 않고, 회개하지 않았기 때문에 지옥에 들어간다.

회개가 너무나 중요하기 때문에 성경은 회개하는 장면을 소개한다.

"세리는 멀리 서서 감히 눈을 들어 하늘을 쳐다보지도 못하고 다만 가슴을 치며 이르되 하나님이여 불쌍히 여기소서 나는 죄인이로소이다 하였느니라, 내가 이르기를 내 허물을 여호와께 자복하리라 하고 주께 내 죄를 아뢰고 내 죄악을 숨기지 아니하였더니 곧 주께서 내 죄악을 사하셨나이다, 하나님이여 주의 인자를 따라 내게 은혜를 베푸시며 주의 많은 긍휼을 따라 내 죄악을 지워 주소서, 하나님께서 구하시는 제사는 상한 심령이라 하나님이여 상하고 통회하는 마음을 주께서 멸시하지 아니하시리이다"(눅 18:13, 시 32:5, 51:1, 17)

이처럼 회개는 자기의 죄를 시인하고 용서를 구하는 것이다.


## 회개란 돌이키는 것

"너는 그들에게 말하라 주 여호와의 말씀이니라 나의 삶을 두고 맹세하노니 나는 악인이 죽는 것을 기뻐하지 아니하고 악인이 그의 길에서 돌이켜 떠나 사는 것을 기뻐하노라 이스라엘 족속아 돌이키고 돌이키라 너희 악한 길에서 떠나라 어찌 죽고자 하느냐 하셨다 하라"(겔 33:11)

이 말씀에서 보는 것처럼 회개란 악인의 길에서 떠나 사는 것이다.

회개란 새로운 방향으로 뛰어드는 것이며 변화되는 것이다.

참된 변화는 마음에서부터 비롯된다.

변화에는 세 가지가 있다.

첫째는 사고의 패턴이 변한다.

마음이 변하니까 가치관이 변하고 생각이 달라진다.

둘째는 언어의 표현이 달라지고 말이 깨끗해진다.

셋째는 행동이 달라진다.

회개는 힘이 있는 말이며, 행동의 언어다.

회개는 한 사람 안에서 완전한 혁명을 일으킨다.

성경에서 우리에게 죄를 회개하라고 요구할 때, 그것은 우리가 죄에서 돌아설 것을, 즉 죄로부터 정반대 방향으로 걸어가는 것을 요구하는 것이다.


## 회개란 죄를 포기하는 것

회개는 생활 가운데서 내가 주인인 나를 포기하고 근본적인 죄를 포기하는 것이다. 욥은 이렇게 회개했다.

"그러므로 내가 스스로 거두어들이고 티끌과 재 가운데에서 회개하나이다"(욥 42:6)

회개란 죄를 즐기지 않고 버리는 것이다.

우리가 죄를 좋아하고 품으면 하나님께서 싫어하시기 때문이다.

"내가 나의 마음에 죄악을 품었더라면 주께서 듣지 아니하시리라"(

시 66:18)

죄를 좋아하고 죄를 즐기는 삶은 회개하지 않는 증거가 된다.

따라서 죄를 회개한 사람은 죄를 포기하고 버린다.


## 회개란 태도의 변화

회개란 하나님에 대하여 태도를 바꾸는 것이다.

우리가 구원받기 전에는 자신이 인생의 주인이 되어 자기 마음대로 살았기 때문에 당연히 하나님을 섬기지도 않았고, 하나님께 감사하지도 않았고, 하나님께 예배를 드리지도 않았었다.

성경은 이 점을 분명하게 말씀한다.

"하나님을 알되 하나님을 영화롭게도 아니하며 감사하지도 아니하고 오히려 그 생각이 허망하여지며 미련한 마음이 어두워졌나니 스스로 지혜 있다 하나 어리석게 되어 썩어지지 아니하는 하나님의 영광을 썩어질 사람과 새와 짐승과 기어다니는 동물 모양의 우상으로 바꾸었느니라, 그 때에 너희는 그리스도 밖에 있었고 이스라엘 나라 밖의 사람이라 약속의 언약들에 대하여는 외인이요 세상에서 소망이 없고 하나님도 없는 자이더니"(롬 1:21-23, 엡 2:12)


하지만 우리가 진정으로 완전한 회개를 하면 이제는 하나님을 예배하고, 하나님을 주인으로 섬기며, 하나님께 영광을 돌리게 된다.

완전한 회개란 자기중심의 원리를 버리고 예수님과 그분의 뜻을 내 인생의 중심으로 삼고, 목표로 삼는 것이다. 예수 믿고 회개한 사람은 예수님을 삶의 주인으로 삼는 것이며, 왕으로 삼는 것이며, 남편으로 모시고 살기로 마음 고쳐먹고, 인생의 방향을 근본적으로 바꾸는 것이다.

회개는 자동차 도로 표지의 유턴 표시처럼 한 방향으로 가던 사람이 그 길이 잘못되었음을 알고, 뒤로 돌아설 뿐만 아니라 정확하게 반대 방향으로 가는 것이다.

인간이 처음에 하나님의 얼굴을 외면하고 태어났다가 참으로 회개할 때 하나님을 향해 올바로 돌아서게 된다.

하나님 없이 자기가 인생의 주인이 되어 자기 마음대로 살아 왔던 사람이 자신의 삶이 잘못되었음을 알고 이제 하나님 뜻대로 예수님을 인생의 주인으로 모시고 살겠다고 결단하는 것이다.

## 지성과 감정과 의지를 동원한 회개

우리가 회개하려면 근본적인 죄에 대한 깨달음이 있어야 한다.

이사야는 자신의 죄를 깨달았을 때 분명하게 고백했다.

"그 때에 내가 말하되 화로다 나여 망하게 되었도다 나는 입술이 부정한 사람이요 나는 입술이 부정한 백성 중에 거주하면서 만군의 여호와이신 왕을 뵈었음이로다 하였더라"(사 6:5)

욥은 자기가 죄인이라는 것을 깨달았을 때 분명하게 고백했다.

"나는 나를 원망한다"(욥 42:6)

베드로는 자신의 죄를 깨달았을 때 분명하게 고백했다.

"나는 죄인이로소이다"(눅 5:8)

바울은 자신이 죄인 됨을 생각하고 자신을 분명하게 고백했다.

"나는 죄인의 괴수니라"(딤전 1:15)


이러한 깨달음을 주시는 분은 성령님이시다. 하나님의 뜻대로 하는 완전한 회개는 감정이 포함된다.

바울은 하나님의 뜻대로 하는 근심이 바로 성경적인 회개라고 소개한다.

"하나님의 뜻대로 하는 근심은 후회할 것이 없는 구원에 이르게 하는 회개를 이루는 것이요 세상 근심은 사망을 이루는 것이니라"(고후 7:10)

회개는 의지를 포함하기 때문에 참된 회개는 의지에 와서 결판이 난다. 회개에는 죄를 포기하려는 각오가 있어야 한다. 자신에 대한 태도, 죄에 대한 태도, 하나님에 대한 태도를 바꾸려는 각오와 결단이 필요하며, 자신의 의지와 성격과 목적을 바꾸려는 각오가 있어야 한다.


## 회개해야 하는 이유

우리가 회개해야 하는 이유는 회개가 구원의 방법이기 때문이다.

따라서 성경은 회개를 "구원에 이르게 하는 회개"(고후 7:10)로 소개한다. 회개는 하나님이 모든 사람에게 바라시는 소원이다.

"주의 약속은 어떤 이들이 더디다고 생각하는 것 같이 더딘 것이 아니라 오직 주께서는 너희를 대하여 오래 참으사 아무도 멸망하지 아니하고 다 회개하기에 이르기를 원하시느니라"(벧후 3:9)

우리는 진정으로 회개해야 영생을 얻게 된다.

"그들이 이 말을 듣고 잠잠하여 하나님께 영광을 돌려 이르되 그러면 하나님께서 이방인에게도 생명 얻는 회개를 주셨도다 하니라"(행 11:18)

우리가 진심으로 회개해야 죄 사함을 받을 수 있다.

"이스라엘에게 회개함과 죄 사함을 주시려고 그를 오른손으로 높이사 임금과 구주로 삼으셨느니라"(행 5:31)

우리가 진심으로 회개해야 기쁨이 온다.

"그러므로 너희가 회개하고 돌이켜 너희 죄 없이 함을 받으라 이같이 하면 새롭게 되는 날이 주 앞으로부터 이를 것이요"(행 3:19)

하나님이 모든 인간에게 어디서든지 회개하라고 명령하셨다.

"알지 못하던 시대에는 하나님이 간과하셨거니와 이제는 어디든지 사람에게 다 명하사 회개하라 하셨으니"(행 17:30)


## 회개의 방법

우리는 어떻게 성경적인 완전한 회개를 할 수 있는가?

완전한 회개는 즉각적으로 해야 하기 때문에 내가 이제 하나님 앞에 완전한 회개를 해야 하겠다고 결단해야 한다. 그때 우리 하나님께서 우리가 완전한 회개를 하도록 힘을 주신다. 완전한 회개는 삶의 중도에서 예수님을 인생의 주인으로 모시고 살겠다고 인생의 경로를 바꾸기로 결정하는 것이다.

완전한 회개에는 지, 정, 의가 포함되어 있다.

따라서 근본적인 죄에 대한 바른 인식이 있어야 한다.

하나님 없이 내가 인생의 주인이 되어 내 마음대로 살아왔던 삶이 얼마나 잘못된 삶인가를 알고, 자신이 죄인임을 안타까워하는 것이다.

의지의 표현으로 돌아서는 것처럼 회개는 의지에 와서 결판이 난다.

누가복음 15장에서 집을 나간 탕자도 그저 앉아서 죄에 대한 가책을 느끼고 후회만 하는 것이 아니었다. 그는 즉시 일어나서 돌아와 자신의 아버지께 자기가 지은 죄를 입으로 고백했다.

탕자는 피동적으로 죄에 대하여 주저주저한 것이 아니라 돼지 떼에 둘러 싸여 그저 있던 자리에 앉아 있지 않고 분명하게 일어나서 길을 떠났다. 탕자는 정확하게 반대 방향으로 발길을 돌려 아버지를 찾았으며, 아버지 앞에서 자신을 낮추었다. 성경은 탕자가 아버지에게 돌아오기 전에 아버지께 어떻게 말할 것인지 미리 생각했다고 전한다.

"이에 스스로 돌이켜 이르되 내 아버지에게는 양식이 풍족한 품꾼이 얼마나 많은가 나는 여기서 주려 죽는구나 내가 일어나 아버지께 가서 이르기를 아버지 내가 하늘과 아버지께 죄를 지었사오니 지금부터는 아버지의 아들이라 일컬음을 감당하지 못하겠나이다 나를 품꾼의 하나로 보소서 하리라 하고 이에 일어나서 아버지께로 돌아가니라 아직도 거

리가 먼데 아버지가 그를 보고 측은히 여겨 달려가 목을 안고 입을 맞추니"(눅 15:17-20)

탕자는 분명히 돌아와서 자신의 근본적인 죄를 입으로 고백한다.

"아들이 이르되 아버지 내가 하늘과 아버지께 죄를 지었사오니 지금부터는 아버지의 아들이라 일컬음을 감당하지 못하겠나이다 하나"(눅 15:21)

예수님은 이 잃은 양의 비유와 잃은 드라크마의 비유와 탕자의 비유를 통하여 회개의 중요성을 분명하게 설명하셨다.

## 생명 얻는 회개와 성화를 위한 회개

우리가 구원받기 위해서 죄를 얼마나 많이 회개해야 하는가?

지금까지 살아오면서 다른 사람들을 대상으로 지은 죄악들을 모두 다 회개해야 하는가? 지금까지 살아오면서 지은 죄가 생각나지 않아 다 회개하지 못하면 어떻게 되는가?

따라서 우리는 성경이 말하는 완전한 회개를 바르게 이해해야 한다.

따라서 회개에는 생명을 얻는 회개와 성화를 위한 회개가 있다.

생명 얻는 회개는 어떻게 보면 일생에 있어서 구원받을 때 일회적으로 끝난다.

그러면 구원받은 성도는 그 이후에 짓는 죄를 어떻게 처리해야 하는가? 이제 하나님의 자녀로서 아버지와 교제 회복을 위해서 자백하면 된다(요일 1:9). 여기서 자백은 '동의하다'는 뜻으로 성도가 하나님께 죄를 범할 때 성령께서 그것을 지적해 주시면 "예 맞습니다. 내가 그 죄를 범했습니다."라고 동의하며 시인하는 것이다. 이 자백 속에는 자신이 범한 죄에 대하여 슬퍼하며, 그 죄를 버리는 것까지도 포함된다. 이것이 자백 속에 포함된 성화를 위한 회개이다.

따라서 완전한 회개는 생명을 얻는 회개와 성화를 위한 회개가 있다. 많은 사람들이 이 두 가지를 혼동하고 오해하지만 생명 얻는 회개는 구원받을 때 하는 단회적인 회개요, 성화를 위한 회개는 그리스도인의 삶 가운데 계속 되는 반복적인 회개인 것이다.

생명 얻는 회개는 예수 믿지 않는 죄로부터 돌아서는 것이요,

성화를 위한 회개는 자백한 죄를 버리는 것이다.

"회개하다"는 단어의 헬라어인 '메타노에오(Metanoeo)'는 신약 성경에서 전부 34회 사용되었는데, 많은 경우에 이 단어는 죄인이 예수 믿고 구원받을 때 하는 생명 얻는 회개를 나타내기 위해 사용되었다(막 1:15; 행 2:38, 17:30, 26:20 등).

하지만 이 단어가 누가복음 17장 3-4절, 고린도후서 12장 21절, 요한계시록 2장 5-16절에서는 분명히 예수 믿고 구원받은 성도가 지은 죄를 회개할 때도 사용되고 있음을 볼 수 있다.

물론 요한일서 1장 9절에서는 구원받은 사람이 자기 죄를 회개하는 것을 가리켜 자백이라고 했다. 죄인이 구원받을 때 한번 회개하고 구원받은 사람이 죄를 지었을 때도 역시 성화를 위한 회개를 해야 한다.

## 회개한 증거

우리가 진정으로 완전한 회개를 했다면 삶 속에 변화가 일어난다.

우리는 성경에서 완전한 회개를 한 사람은 그가 하는 모든 일에 변화가 일어나는 것을 볼 수 있다.

성경에는 우리가 그리스도인이 된 후에 자기 마음대로 살아도 된다는 구절은 하나도 없다. 따라서 완전한 회개를 한 사람은 하나님과 분리된 삶으로부터, 하나님께 반항하는 삶으로부터 멀어진다. 이제는 예수 그리스도에 대한 믿음으로 그분을 전폭적으로 신뢰하고, 확신하며, 의존한다. 예수님께 순종하고 그분을 기쁘게 하고자 하는 순수한 마음이 없다면 정말 자신이 하나님의 자녀가 되었는지 의심할 필요가 있다.

그러므로 우리는 완전한 복음을 믿고 완전한 회개를 해야 한다.

CHAPTER 6

# 만남의 법칙

우리에게 하나님께서 만드신 십자가의 완전한 복음이 이루어지려면 참된 만남의 법칙을 알아야 한다. 우리가 참된 만남의 법칙을 모르면 하나님께서 만드신 완전한 복음이 이루어지지 않기 때문이다.

그러므로 우리가 완전한 복음으로 구원을 받으려면 완전한 복음을 너무 가볍게 대하지 말고, 쉽게 대하지 말아야 한다.

그것은 하나님께서 엄청난 대가를 지불하시고 가장 가치 있는 완전한 복음을 만들어서 우리에게 주셨는데, 우리가 그것을 싸구려 복음으로 만드는 것과 같다.

여기서 싸구려 복음이란 복음을 들은 사람이 복음에 대한 갈급함이 없이 복음을 듣고 복음을 그냥 믿어주는 것이다.

그러므로 복음을 들을 준비가 되어 있지 않은 사람에게 억지로 복음을 전하고, 어떻게 해서라도 예수님을 영접시키려 하는 것이 바로 완전한 복음을 쉽게 대하는 것이요, 완전한 복음을 싸구려 복음으로 만드는 것이다.

## 복음은 복음으로

그러므로 복음은 복음으로 들려져야 한다.

우리가 예수 믿지 않는 사람에게 복음을 전하면서 열심히 복음을 전해도 상대방이 그것을 귀찮아하고, 기쁘게 듣지 않으면 그것은 복음이 아니다. 우리가 전하는 복음은 기쁜 소식, 좋은 소식인데 상대방이 복음을 기쁘게 듣지 않는다면 그것은 복음이 아니다.

그러므로 복음이 복음으로 들려지려면 상대방에게 복음이 필요한 상황을 인식시키고, 상대방이 복음을 간절히 찾을 때 하나님이 만드신 완전한 복음을 알려주면 그 때는 완전한 복음이 복음으로 들려지는 것이다.

그러므로 하나님이 만드신 완전한 복음이 이루어지려면 우리에게 구원에 대한 갈급함이 있어야 한다. 구원에 대한 갈급함이 있으려면 우리가 절망적인 상황과 위기에 처해 있다는 사실을 가슴이 저리도록 깊이 깨달아야 한다.

우리가 죄와 마귀 사탄에게 노예로 잡혀 있다는 사실을 깊이 깨달아야 한다.

그렇다면 우리 인간은 어떤 상황에 처할 때 위기의식을 느끼게 될까?
우리 인간은 다음과 같은 상황에 처할 때 위기의식을 느끼게 된다.

"어떤 사람이 깊은 수렁에 빠져 있거나, 계속 들어가는 늪에 빠져 있거나, 흉악한 범죄자의 인질로 잡혀 있거나, 전쟁 중 적군의 포로로 잡혀 있거나, 사막의 한 가운데서 물을 찾지 못해 심한 갈증 가운데 있거나, 벼랑이나 낭떠러지에 매달려 있거나, 수영을 하지 못하는 사람이 깊은 물에 빠져 있거나, 홍수나 지진이 일어나 건물이 무너져 건물 속에 갇혀 있거나, 타이타닉이나 세월호 같은 배가 침몰하려 배 안에 갇혀 있거나, 사업을 하다가 엄청난 빚을 지고 망했거나, 불법 사채업자에게 사채를 쓰고 갚지 못해 협박을 받고 있거나, 말기 암에 걸려 수술을 하지 못하고 죽는 날만 기다리고 있다면 그러한 상황이 바로 인간이 처한 위기 상황이다."

하지만 우리 인간에게 가장 심각한 위기는 자신의 죄의 문제를 해결하지 못하여 심판을 받고 죄의 대가로 지옥에 들어갈 운명에 처하여 있는 것이다.

그러므로 우리 예수님께서는 마가복음 9장 43-49절에서 어떠한 대가를 치르더라도 지옥만은 절대로 가지 말라고 부탁하셨다.

"만일 네 손이 너를 범죄하게 하거든 찍어버리라 장애인으로 영생에 들어가는 것이 두 손을 가지고 지옥 곧 꺼지지 않는 불에 들어가는 것보다 나으니라 만일 네 발이 너를 범죄하게 하거든 찍어버리라 다리 저는 자로 영생에 들어가는 것이 두 발을 가지고 지옥에 던져지는 것보다 나으니라 만일 네 눈이 너를 범죄하게 하거든 빼버리라 한 눈으로 하나님의 나라에 들어가는 것이 두 눈을 가지고 지옥에 던져지는 것보다 나으니라 거기에서는 구더기도 죽지 않고 불도 꺼지지 아니하느니라 사람마다 불로써 소금 치듯 함을 받으리라"

그러므로 하나님이 만드신 완전한 복음을 듣기 싫어하시는 사람, 하나님의 교훈을 멸시하는 사람, 하나님의 진리를 미워하는 사람, 하나님을 경외할 마음이 없는 사람은 하나님을 만날 수가 없다.

그들은 결코 완전한 복음을 체험할 수 없는 것이다.

그런 사람이 하나님을 부지런히 찾아도 우리 하나님께서는 그들을 만나주지 않으신다.

그러므로 우리 예수님께서도 거룩한 것을 개에게 주지 말고, 진주를 돼지에게 주지 말라고 말씀하셨다.

"거룩한 것을 개에게 주지 말며 너희 진주를 돼지 앞에 던지지 말라 그들이 그것을 발로 밟고 돌이켜 너희를 찢어 상하게 할까 염려하라"(마 7:6)

다시 말해서 십자가의 완전한 복음의 가치를 모르는 사람은 결코 완전한 복음을 만날 수 없다는 뜻이다.


우리 예수님께서는 천국은 침노하는 자의 것이라고 말씀하셨다.

"침례 요한의 때부터 지금까지 천국은 침노를 당하나니 침노하는 자는 빼앗느니라"(마 11:12)

이 말의 의미가 무엇일까?

천국은 그냥 얻어지는 것이 아니라는 것이다.

천국을 사모하고 목숨을 다하여 믿기 원하는 사람이 천국에 들어갈 수 있다는 말이다.

그러므로 천국에 관심이 없는 사람은 죽었다 깨어나도 천국에 들어
갈 수 없다. 그러므로 하나님께서 만드신 십자가의 완전한 복음이 이루
어지려면 참된 만남의 법칙을 알아야 한다.


## 참된 만남의 법칙

참된 만남의 법칙이란 무엇일까?

그것은 사랑이 사랑을 만나고, 진심이 진심을 만나고, 갈급함이 하나
님을 만날 수 있다는 법칙이다.

우리 하나님께서는 하나님을 간절히 찾는 사람을 만나주신다.

"너희가 온 마음으로 나를 구하면 나를 찾을 것이요 나를 만나리라"(
렘 29:13)

"나를 사랑하는 자들이 나의 사랑을 입으며 나를 간절히 찾는 자가 나
를 만날 것이니라"(잠 8:17)

"여호와여 구하오니 내가 진실과 전심으로 주 앞에 행하며"(왕하
20:3)

"만일 너희가 전심으로 여호와께 돌아오려거든 너희 마음을 여호와
께로 향하여 그만을 섬기라"(삼상 7:3)

"여호와의 눈은 온 땅을 두루 감찰하사 전심으로 자기에게 향하는 자
들을 위하여 능력을 베푸시나니"(대하 16:9)

"내가 전심으로 주를 찾았사오니"(시 119:10)

"여호와여 내가 전심으로 부르짖었사오니 내게 응답하소서"(시 119:145)

"내가 여호와인 줄 아는 마음을 그들에게 주어서 그들이 전심으로 내게 돌아오게 하리니 그들은 내 백성이 되겠고 나는 그들의 하나님이 되리라"(렘 24:7)


그러므로 참된 만남의 법칙이란 온 마음으로 하나님을 구하는 것이요, 하나님을 간절히 찾는 것이요, 진실과 전심으로 주 앞에서 행하는 것이요, 전심으로 하나님께 돌아오는 것이요, 전심으로 하나님에게 향하는 것이요, 전심으로 주를 찾는 것이요, 전심으로 하나님께 부르짖는 것이다.

그러므로 우리는 시편기자처럼 사슴이 시냇물을 찾기에 갈급함 같이 하나님을 찾고, 완전한 복음을 찾아야 한다.

"하나님이여 사슴이 시냇물을 찾기에 갈급함 같이 내 영혼이 주를 찾기에 갈급하니이다 내 영혼이 하나님 곧 살아 계시는 하나님을 갈망하나니 내가 어느 때에 나아가서 하나님의 얼굴을 뵈올까"(시 42:1-2)

따라서 복음에 대한 간절함이 없이 십자가의 완전한 복음에 대해 무관심한 사람이 나중에 심판을 깨닫고 하나님께 나오면 우리 하나님께서 비웃으시고, 그 사람을 외면하시며, 그 사람을 심판하신다.

"하늘에 계신 이가 웃으심이여 주께서 그들을 비웃으시리로다"(시 2:4)

그러므로 우리는 십자가의 완전한 복음을 가볍게 대하지 말고, 쉽게 대하지 말고, 싸구려 복음으로 만들지 말아야 한다.


## 영적인 갈망이 있어야 한다.

우리 예수님께서는 누구든지 목마르거든 내게로 와서 마시라고 초청하셨다.

"명절 끝날 곧 큰 날에 예수께서 서서 외쳐 이르시되 누구든지 목마르거든 내게로 와서 마시라 나를 믿는 자는 성경에 이름과 같이 그 배에서 생수의 강이 흘러나오리라 하시니 이는 그를 믿는 자들이 받을 성령을 가리켜 말씀하신 것이라"(요 7:37-39)


첫째, 어떤 사람이 생명수를 마실 수 있을까?

생수를 마실 수 있는 사람은 목마름의 갈증이 있는 사람이다.

목마른 사람도 두 종류가 있다.

영적으로 목마른 사람과 육체적으로 목마른 사람이다.

육체적으로 목이 마른 것은 쉽게 감지할 수 있다.

그러나 영적으로 목마른 것은 금세 알 수가 없는 것이다.

영적으로 목마른 것을 어떻게 알 수 있을까?

우리의 마음의 상태가 어떠할 때 갈증을 느낀다고 말할 수 있을까?

정말 갈급해서 구원받기 직전에 와 있는 사람은 밥맛도 달아나고, 잠도 달아나고, 일도 의미가 없어지는 경우가 많다.

남편이나 아내에게조차도 관심이 없어지기도 하고, 일에 의욕이 없어지기도 하고, 죽음에 대한 강한 공포가 있는 경우가 많다.

그러나 이런 상태는 사람마다 동일한 것이 아니다.

그러나 어떤 사람이 구원 문제에 굉장히 갈급해 있다면 이와 유사한 상태가 될 가능성이 많다.

둘째, 누가 구원의 생명수를 마실 수 있을까?

"성령과 신부가 말씀하시기를 오라 하시는도다 듣는 자도 오라 할 것이요 목마른 자도 올 것이요 또 원하는 자는 값없이 생명수를 받으라 하시더라"(계 22:17)

이 말씀에 의하면 간절히 원하는 자가 생명수를 마실 수 있다고 말한다. 생명수를 마시는 데에는 돈이 필요한 것도 아니고, 고도의 지성이 필요한 것도 아니고, 높은 수준의 학문이 필요한 것도 아니다.

참으로 원하는 갈급한 마음만 있으면 누구나 예수님께 나와서 영생수를 마실 수 있다.

셋째, 누가 구원의 응답을 받을 수 있을까?

"구하라 그리하면 너희에게 주실 것이요 찾으라 그리하면 찾아낼 것이요 문을 두드리라 그리하면 너희에게 열릴 것이니 구하는 이마다 받을 것이요 찾는 이는 찾아낼 것이요 두드리는 이에게는 열릴 것이니라"(마 7:7-8)

십자가의 완전한 복음을 통해서 구원을 구하고 찾고 두드리는 사람이다. 이 본문은 수사법으로 말하면, 점층법을 사용하고 있다.

구하는 것은 마음의 상태를 나타내고, 찾는 것은 행동을 나타내고, 두드리는 것은 격렬한 행동을 표현하는 것이다.

또한 이 본문의 시제는 현재시제로 되어 있다.

한번 구해보고, 한번 찾아보고, 끝내는 것이 아니라 응답이 될 때까지 계속해서 간절히 기도해야 한다는 것을 볼 수 있다.

반드시 긴 시간 동안 기도하라는 의미는 아니다.

그만큼 구원을 원해야 한다는 것을 나타낸다.


넷째, 우리가 구원을 받으려면 좁은 문으로 들어가려는 결단이 있어야 한다.

"좁은 문으로 들어가라 멸망으로 인도하는 문은 크고 그 길이 넓어 그리로 들어가는 자가 많고 생명으로 인도하는 문은 좁고 길이 협착하여 찾는 자가 적음이라"(마 7:13-14)

세상에는 길이 많은 것이 사실이다.

서울에서 부산가는 길은 기차, 비행기, 자동차, 심지어는 걸어서 갈수도 있다. 그러나 한국에서 미국에 가는 방법은 비행기나 배로 갈 수밖에 없다. 그리고 달나라로 가는 방법은 우주 로켓을 타고 가는 한 가지 방법밖에 없다.

하지만 영적인 세계에는 오직 두 개의 길밖에 없다.

그 길은 넓은 길과 좁은 길인 것이다.

사실 많은 사람들이 넓은 길로 가고 있지만 다수가 가는 길이라고 반드시 진리의 길은 아니다. 그래서 지혜자는 상당히 명확하게 말한다.

"어떤 길은 사람이 보기에 바르나 필경은 사망의 길이니라"(잠 14:12)

그러므로 우리는 많은 사람이 넓은 길로 가니까 그 길이 옳은 길이라고 착각하지 말아야 한다. 우리가 넓은 길로 가기 위해서는 특별히 노력할 것도 애쓸 것도 없다. 태어날 때 그 모습 그대로 살아가면 자동적으로 이 넓은 길로 가고 있기 때문이다.

하지만 그 길은 멸망으로 인도하는 길이다.

그러므로 우리는 좁은 길로 가야 한다.

좁은 길은 많은 사람이 가는 길이 아니고, 인기가 없고, 쓸쓸한 길이지만 그래도 그 길은 생명의 길로 인도하는 하나님이 예비해 놓으신 유일한 길이다.


## 성령님의 역사로 완전한 복음이 이루어지도록 기도해야 한다.

무엇이 우리에게 완전한 복음이 이루어지게 할까?

오직 하나님이 만드신 완전한 복음을 통한 성령님의 역사만이 완전한 복음이 이루어지는 길이다. 따라서 아직까지 십자가의 완전한 복음을 받아드릴 준비가 되어 있지 않은 사람은 성령님의 역사로 자신이 인생의 주인이 되어 자기 마음대로 살아온 죄가 얼마나 끔찍하고 무서운 죄인가를 가슴이 저리도록 깨달아야 한다.

완전한 복음이 믿어지지 않는 사람도 성령님께서 역사함으로 자신의 죄와 완전한 복음이 믿어지도록 간절히 기도해야 한다.

그러므로 성령님이 역사하여 하나님 앞에서 자신의 추악한 죄와 무력함을 절실하게 깨달아야 한다. 자신이 지은 죄의 무게와 깊이를 가슴이 저리도록 절실하게 깨달아야 한다.

자신이 지은 죄가 바로 사탄이 범한 동일한 죄라는 것을 뼛속 깊이 사무치게 깨달아야 한다.

그러므로 사도 요한은 요한복음 16장 7-9절에서 성령님이 오셔서 예수 믿지 않는 죄에 대하여 세상을 책망하신다고 지적한다.

"그러나 내가 너희에게 실상을 말하노니 내가 떠나가는 것이 너희에게 유익이라 내가 떠나가지 아니하면 보혜사가 너희에게로 오시지 아니할 것이요 가면 내가 그를 너희에게로 보내리니 그가 와서 죄에 대하여, 의에 대하여, 심판에 대하여 세상을 책망하시리라 죄에 대하여라 함은 그들이 나를 믿지 아니함이요"

사도행전 16장 14절에 등장하는 루디아도 바울이 전하는 완전한 복음을 듣고 있을 때 주께서 그 여인의 마음을 열어 바울이 전한 완전한 복음을 받아드리도록 역사하신 내용을 다루고 있다.

"두아디라 시에 있는 자색 옷감 장사로서 하나님을 섬기는 루디아라 하는 한 여자가 말을 듣고 있을 때 주께서 그 마음을 열어 바울의 말을 따르게 하신지라"

하나님께서 사도 바울을 구원하여 이스라엘 백성들과 이방인들에게 보낸 목적이 무엇일까?

바울이 전하는 완전한 복음으로 그들의 영적인 눈을 뜨게 하고, 어둠에서 빛으로, 사탄의 권세에서 하나님께로 돌아오게 하려는 것이다.

그러므로 우리에게 하나님이 만드신 완전한 복음이 이루어지려면 성령님께서 우리의 영적인 눈을 열어 주셔야 한다. 성령님께서 우리의 영적인 눈을 열어주시면 우리는 어둠에서 빛으로 나오게 되며, 죄 사함과 거룩한 성도가 되는 축복을 받을 수 있다.

우리는 성령님의 역사로 완전한 복음에 눈을 떠야 한다.

그러므로 하나님이 만드신 완전한 복음은 성령님의 역사로 이루어진다. 완전한 복음은 인간이 전하는 설득력 있는 지혜의 말로만 이루어지는 것이 아니라 완전한 복음의 능력과 성령님의 역사와 큰 확신으로 이루어진다.

성령님의 역사로 완전한 복음의 말씀을 받아드리는 것이다.

우리가 완전한 복음을 전할 때 성령님의 역사가 나타나야 한다.

하나님이 만드신 완전한 복음이 이루어지는 역사는 오르지 성령님이 역사하실 때에만 가능한 일이다.

그러므로 사도 바울은 이 사실에 대해 아주 생생하게 말하고 있다.

"이는 우리 복음이 너희에게 말로만 이른 것이 아니라 또한 능력과 성령과 큰 확신으로 된 것임이라 우리가 너희 가운데서 너희를 위하여 어떤 사람이 된 것은 너희가 아는 바와 같으니라 또 너희는 많은 환난 가운데서 성령의 기쁨으로 말씀을 받아 우리와 주를 본받은 자가 되었으니"(살전 1:5-6)

"내 말과 내 전도함이 설득력 있는 지혜의 말로 하지 아니하고 다만 성령의 나타나심과 능력으로 하여 너희 믿음이 사람의 지혜에 있지 아

니하고 다만 하나님의 능력에 있게 하려 하였노라"(고전 2:4-5)

십자가의 완전한 복음이 이루어지도록 기도하는 이유는 하나님께서 이끌지 아니하시면 아무도 예수님께 나와 완전한 복음을 믿을 수 없기 때문이다.

"나를 보내신 아버지께서 이끌지 아니하시면 아무도 내게 올 수 없으니"(요 6:44)

그러므로 우리에게 하나님이 만드신 완전한 복음이 이루어지려면 성령님께서 우리의 마음에 역사해야하며, 예수 믿지 않는 죄가 얼마나 무서운 죄인가에 대해 책망하시는 성령님의 책망을 받아야하며, 주께서 우리의 마음을 열어주셔야 하며, 하나님 아버지께서 우리를 이끌어 주셔야 하는 것이다.

### 복음을 통해 주어지는 구원을 등한히 여기지 말아야 한다.

"천사들을 통하여 하신 말씀이 견고하게 되어 모든 범죄함과 순종하지 아니함이 공정한 보응을 받았거든 우리가 이같이 큰 구원을 등한히 여기면 어찌 그 보응을 피하리요 이 구원은 처음에 주로 말씀하신 바요 들은 자들이 우리에게 확증한 바니"(히 2:2-3)

히브리서 기자는 "우리가 이같이 큰 구원을 등한히 여기면 어찌 그 보응을 피하리요"라고 경고한다. 우리가 십자가의 완전한 복음으로 구원을 받으려면 엄청나게 큰 구원을 등한히 여기지 말아야 한다.

사람들이 복음을 듣고도 복음을 등한히 여기는 이유는 구원 문제에 집중하지 못하게 하는 방해요소가 있기 때문이다.

우리가 구원을 받으려면 구원 받는 일에 우리가 집중해야 한다.

우리는 구원 때문에 고민도 해보고, 구원 때문에 묵상도 해보고, 구원 때문에 생각도 해야 하는데, 그렇게 하지 못하는 경우가 많다는 것이다.

자신의 구원에 대해서 너무나 무관심한 사람들이 있다.

설교를 들을 때에는 복음과 구원에 대해 조금 관심이 있다가 예배당을 떠나고 나면 무관심해 지는 것이다.

그렇게 되면 그 사람의 구원은 자꾸 늦어지고 하나님으로부터 멀어질 수밖에 없다.


그러므로 복음과 구원에 집중을 해야 구원 문제가 빨리 해결 될 수 있는 것이다.

그런가 하면 "나는 이미 믿고 있으니 다 됐다"라고 착각하는 사람도 구원을 등한히 여기는 것이다. 구원받지 않고서 구원을 받았다고 착각하는 사람들에게는 구원의 메시지가 아무리 들려와도 "나와는 상관이 없는 이야기다."라고 생각하는 것이다.

너무 바쁘게 살아가는 것도 구원을 등한히 여기는 것이다.

너무 바쁘게 되면 피곤해 지고, 그렇게 되면 자연히 구원은 뒷전으로 물러나는 것이다.

그 외에도 세상에서 노는 재미에 너무 빠져 있는 것도 구원을 등한히 여기는 것이다. 세상쾌락이나 세상에서 즐기는 것들도 모두 복음과 구원을 등한히 여기게 만든다.

사실 우리가 살아가는 동안 등한히 여겨도 별 문제가 되지 않는 경우도 있지만 진짜 중요한 나의 구원 문제를 등한히 여기면 영원한 지옥 형벌을 피할 수 없는 것이다.

그러면 우리가 어떻게 해야 십자가의 완전한 복음으로 진정한 구원을 받을 수 있을까?

본인이 큰 죄인이라는 사실을 철저하게 깨달아야 한다.

자신이 근본적으로 엄청난 죄인이라는 사실을 인정하지 못하는 사람은 구원을 받을 수 없다. 예수님께서 죄인을 구원하려고 이 세상에 오셨기 때문이다. 아무리 좋은 의사가 있어도 병들지 않은 사람에게는 쓸데없는 것처럼 구원하시는 예수 그리스도께서 우리에게 계시지만 자신의 죄인 됨을 인정하지 않는다면 예수님은 그 사람을 구원하실 수 없는 것이다. 예수님은 죄인을 구원하려고 오신 분이기 때문이다.

그렇다면 우리는 어떻게 해야 할까?

## 죄인으로서 하나님께 긍휼을 구해야 한다.

하나님 앞에 근본적인 죄를 범한 죄인은 하나님 앞에 바른 자세를 취해야 구원을 받을 수 있다. 하나님께서 긍휼히 여기는 사람은 자신의 죄인임을 깨닫고 긍휼을 기다리는 자세로 하나님께 나아오는 사람이다. 그런 사람이 죄를 용서받고 의롭다는 인정을 받을 수 있다.

반면에 자신이 죄인이 아니라는 사람은 용서를 받을 수 없는 것이다. 우리 예수님께서 하나님께 용서를 받은 사람과 용서를 받지 못한 사람을 비교하고 있다.

"두 사람이 기도하러 성전에 올라가니 하나는 바리새인이요 하나는 세리라 바리새인은 서서 따로 기도하여 이르되 하나님이여 나는 다른 사람들 곧 토색, 불의, 간음을 하는 자들과 같지 아니하고 이 세리와도 같지 아니함을 감사하나이다 나는 이레에 두 번씩 금식하고 또 소득의 십일조를 드리나이다 하고 세리는 멀리 서서 감히 눈을 들어 하늘을 쳐다보지도 못하고 다만 가슴을 치며 이르되 하나님이여 불쌍히 여기소서 나는 죄인이로소이다 하였느니라 내가 너희에게 이르노니 이에 저 바리새인이 아니고 이 사람이 의롭다 하심을 받고 그의 집으로 내려갔느니라 무릇 자기를 높이는 자는 낮아지고 자기를 낮추는 자는 높아지리라 하시니라"(눅 18:10-14)

두 사람은 하나님께 기도하려고 성전에 올라갔지만 한 사람은 용서를 받고 또 한 사람은 용서를 받지 못했다. 이 두 사람의 결정적인 차이가 무엇일까? 한 사람은 자기가 잘한 것을 자랑삼아 기도했고, 한 사람은 자신의 죄인임을 알고 있었기 때문에 하나님께 긍휼을 구하였기 때문이다.

첫째, 세리는 자신이 죄인임을 시인하는 태도로서 고개를 숙였다.

마치 법정의 판사 앞에서 긍휼을 기다리는 죄인처럼 하늘을 우러러보지 못하고 고개를 숙인 것이다. 그러므로 고개를 숙이지 못하는 사람은 목이 곧은 교만하고 마음이 완고한 사람이다. 우리가 구원을 받으려면 세리와 같은 자세로 하나님께 나와야 한다.

둘째, 세리는 자신의 잘못을 시인하며 다만 가슴을 쳤다.

우리 표현에 의하면 "내가 잘못했습니다. 내가 죽일 놈입니다."라는 반성의 자세다.

셋째, 세리는 긍휼을 기다리는 자세로 "하나님이여 불쌍히 여기옵소서"라고 요청했다.

그러한 자세가 죄를 용서받을 수 있는 자세인 것이다.

그리고 세리는 "나는 죄인이로소이다"라고 죄를 고백했다.

이때 세리에게 하나님의 긍휼이 임하여 세리는 의롭다 하심을 받고 집으로 내려갔던 것이다. 우리에게도 이러한 자세가 있어야 하나님께 용서를 받을 수 있는 것이다.

## 구원의 소중함을 알아야 한다.

"너희는 그 은혜에 의하여 믿음으로 말미암아 구원을 받았으니 이것은 너희에게서 난 것이 아니요 하나님의 선물이라 행위에서 난 것이 아니니 이는 누구든지 자랑하지 못하게 함이라"(엡 2:8-9)

우리가 지금까지 살아오면서 죄의 문제를 해결하려고 많은 노력을 해왔지만 사실 우리가 죄에서 벗어나기 위해 지불해야 될 값은 아무것도 없다. 죄를 용서받을 수 있는 것은 모두 하나님의 은혜와 선물로 받기 때문이다.

선물은 공짜로 그저 받는 것이지만 공짜에도 두 종류가 있다.

싼 게 비지떡이라는 말과 같이 가치가 없어서 공짜로 주는 것이 있는 가하면 이와는 정반대로 너무 비싸서 값으로는 계산할 수 없기 때문에 공짜로 주는 경우도 있다.

우리가 결혼할 때 아내나 남편을 돈을 주고 사는 것은 아니다.

우리가 매순간 마시는 공기는 얼마를 주고 사겠는가?

우리는 5분 숨을 안 쉬어도 죽을 만큼 공기는 값비싼 것이지만 아무 대가를 지불하지 않고 거저 얻는다.

이와 같이 구원도 너무 귀한 것이기 때문에 값으로는 매길 수 없어 하나님께서 그저 주시는 선물이다(장두만, 2001).

그러므로 구원은 하나님이 하시는 사역이다.

하나님께서는 깨지고 망가진 인생을 건지시고 구원하신다.

천하고 보잘 것 없는 우리 안에 세상에서 가장 귀한 보배를 담으시는 것이다. 우리가 구원을 받으면 우리의 영혼은 영광스러운 하나님의 형상으로 회복된다. 우리 예수님은 영원히 찬양받기에 합당하신 분이시며, 모든 이름 위에 뛰어나신 살아 계신 하나님이시다.

지금도 온 땅을 다스리시며 주재하시는 생명의 주인이자 통치자이시다. 하늘과 땅에 있는 모든 것이 무릎 꿇고 경배하기에 합당한 분이시다.

그런 분이 완전한 복음을 값없이 주셨다.

이 말은 그저 '공짜'로 나눠 준다는 뜻이 아니다.

사실 우리는 그러한 은혜를 받을 자격이 없었고, 도움을 받을 가치도 없었기 때문에 그런 우리에게 부어지는 축복이기 때문에 도저히 값을 치르거나 매길 수 없다는 의미다.

그래서 '은혜를 받았다'는 말은 몹시 감동한 나머지 눈물을 흘리거나 흥분했음을 의미하지 않는다. 눈곱만큼의 자격도 없는 사람에게 하나 님의 어마어마한 호의와 선물이 일방적으로 주어졌다는 의미다. 그 은 혜로 말미암아 우리는 십자가 복음의 신비를 만나고 경험하게 되었다( 김용의, 2010).

늘 우리 삶을 괴롭히는 죄의 문제에서 벗어나게 해준다는 기독교의 은혜로운 메시지는 많은 사람에게 위로와 감동을 준다.

아무런 노력이 없이도 천국행 티켓을 얻을 수 있다는 메시지는 한없 이 은혜가 되지만 부정적인 결과를 초래하는 경우도 있다.

오늘날 기독교는 편하고 든든한 일종의 보험 같은 것으로 변질되었 다. 죄 문제만 해결해 주고 삶은 자기가 살고 싶은 대로 살도록 내버려 둬 달라는 것이다.


그러나 우리가 가장 먼저 회복해야 할 가치는 예수 그리스도의 십자 가의 완전한 복음이다. 하나님은 독생자를 십자가에 매달아 죽일 수밖 에 없을 만큼 우리를 '이처럼' 사랑하셨고, 살려 내기 원하셨다.

어마어마한 은혜로 값없이 구원을 베풀어 주셨다.

여기서 값없다는 것은 '싸구려'라는 말이 아니라 값을 매길 수 없을 정 도로 귀하다는 말이다. 우리의 이성으로 이해하거나 믿을 수 있는 차원 을 넘어선다는 말이다(십자가의 완전한 복음을 설명하는 글에서).

그러므로 우리는 구원의 소중함을 알아야 한다.

# 복음의 진리를 거절하지 말아야 한다.

"우리가 진리를 아는 지식을 받은 후 짐짓 죄를 범한즉 다시 속죄하는 제사가 없고 오직 무서운 마음으로 심판을 기다리는 것과 대적하는 자를 태울 맹렬한 불만 있으리라 모세의 법을 폐한 자도 두세 증인으로 말미암아 불쌍히 여김을 받지 못하고 죽었거든 하물며 하나님의 아들을 짓밟고 자기를 거룩하게 한 언약의 피를 부정한 것으로 여기고 은혜의 성령을 욕되게 하는 자가 당연히 받을 형벌은 얼마나 더 무겁겠느냐 너희는 생각하라 원수 갚는 것이 내게 있으니 내가 갚으리라 하시고 또 다시 주께서 그의 백성을 심판하리라 말씀하신 것을 우리가 아노니 살아 계신 하나님의 손에 빠져 들어가는 것이 무서울진저"(히 10:26-31)

여기서 히브리서 기자가 말하는 "우리가 진리를 아는 지식을 받은 후 짐짓 죄를 범한즉"이라는 의미는 무엇을 말하는 것일까?

그러므로 우리가 진리를 아는 지식을 받은 후에 죄를 범하는 것은 예수 그리스도의 복음을 듣고도 고의적으로 거절하는 죄를 의미한다.

우리가 짓는 모든 죄는 다 용서받을 수 있지만 절대로 용서받을 수 없는 죄가 있는데 그것은 하나님이 만드신 완전한 복음의 진리를 거절하고 예수를 믿지 않는 죄이다.

완전한 복음의 진리를 듣고도 그것을 마음으로부터 받아들이지 않으면 다시 속죄할 수가 없는 것이다.

그러므로 그런 사람은 용서받을 수 없는 것이다.

이것이 왜 그렇게 무서운 죄가 될까?

하나님께서 당신의 아들의 목숨까지 내놓고 우리를 사랑하시는데 그 사랑을 거절하였기 때문에 다른 모든 것은 다 용서받아도 이것만은 다시 속죄할 수가 없고, 용서받을 수 없는 것이다.

어떤 사람이 십자가의 완전한 복음을 거절한다면 그 사람은 참으로 무서운 죄를 짓고 있는 것이다. 그는 살아 계신 하나님의 손에 빠져 들어가는 것이 얼마나 무서운가를 알아야 한다.

그것은 하나님께 영원한 심판을 당하는 것이다.

이 심판이 한번 내려지면 다시 돌이킬 수 없고, 회복하거나 복구할 수도 없기 때문이다. 영원한 지옥 형벌에 들어가는 것이다.

그러므로 우리는 십자가의 완전한 복음의 진리를 거부하지 말아야 한다.

CHAPTER 7

# 행함이 있는 진실한 믿음

우리에게 하나님이 만드신 완전한 복음이 이루어지려면 우리는 행함이 있는 진실한 믿음을 가져야 한다. 그러므로 행함이 없는 거짓된 믿음은 완전한 복음이 이루어지지 않는다.

오늘날 교회에 다니는 사람들 중에 예수 믿으면 구원받는다는 것은 대부분 알고 있다. 하지만 그 중에서 많은 사람들이 예수님을 믿는 것이 무엇을 의미하는지 모르고, 단지 막연하게 예수님을 믿으면 구원을 받는다고 알고 있을 뿐이다.

그래서 믿음 중에서도 거짓된 믿음이 있다는 것을 알아야 한다.

왜냐하면 대부분 이단들도 하나님을 믿는다고 말하고 있기 때문이다. 그래서 성경은 거짓된 믿음을 소개하면서 행함이 없는 믿음은 헛된 믿음이라고 명확하게 밝히고 있다.

"이와 같이 행함이 없는 믿음은 그 자체가 죽은 것이라, 아아 허탄한 사람아 행함이 없는 믿음이 헛것인 줄을 알고자 하느냐"(약 2:17, 20)

그러므로 우리는 무엇이 거짓된 믿음이며, 무엇이 참된 믿음인지 바로 알아야 한다.


## 거짓된 믿음

첫째로 일시적인 믿음은 거짓된 믿음이다.

거짓된 믿음은 말씀을 들을 때에는 일시적으로는 받아들이지만 그 말씀이 결실을 이루지 못하는 것을 말한다.

예수님은 씨 뿌리는 자의 비유를 통해 거짓된 일시적인 믿음을 지적하셨다.

"길 가에 있다는 것은 말씀을 들은 자니 이에 마귀가 가서 그들이 믿어 구원을 얻지 못하게 하려고 말씀을 그 마음에서 빼앗는 것이요 바위 위에 있다는 것은 말씀을 들을 때에 기쁨으로 받으나 뿌리가 없어 잠깐 믿다가 시련을 당할 때에 배반하는 자요"(눅 8:12-13)

이 말씀에서 "잠깐 믿다가"라는 말은 일시적으로만 믿는 것을 뜻한다.


둘째로 현세적인 믿음은 거짓된 믿음이다.

현세적인 믿음은 이 세상에서 세상적인 것들을 얻기 위해 주님을 신뢰하는 것을 말한다. 영생이나 천국의 소망에는 관심이 없고, 이 세상에서 병을 치유하거나 물질적인 축복을 많이 받아서 부자가 되려고 하거나 마음이 외로워서 마음이나 달래 보려고 믿는 것이 현세적인 믿음이다. 그러므로 현세적인 믿음은 참된 믿음이 아니다.

「전도폭발」의 제임스 케네디는 이렇게 말했다.

"구원 얻는 믿음 같으면서도 실상은 전혀 다른 믿음이 있는데 그것은 바로 영생을 위해서는 자기 자신을 의지하면서도 일시적인 복, 혹은 현세적인 복을 위해서는 주님을 신뢰하는 믿음이다. 이것을 구별하기란 어려운 일이나 우리는 그것을 구별할 필요가 있다. 그것은 영원한 복과 영원한 화를 구별하는 일이 된다. 루터를 한번 생각해보라. 구원받기 전에 그는 하나님을 믿고 있었다. 그가 로마로 순례의 길을 떠날 때 그는 안전과 숙식과 건강을 위해서 주님을 의지하지 않았는가? 분명히 의지했다. 그와 마찬가지로 존 웨슬리도 영국에서 신세계의 선교임지로 떠날 때 그의 안전을 주님께 맡겼다. 그럼에도 불구하고 이들은 지상에서 천국으로 가는 길의 안전을 위해서 자기 자신을 신뢰하고 있었다. 죄인이 믿음으로 의롭다 하심을 받는다는 사실의 진리를 알고 믿기 오래 전에 그들은 믿음을 안전한 여행을 할 수 있다는 진리에 대해서 알고 믿었다."

셋째로 하나님의 존재만 믿는 믿음은 거짓된 믿음이다.

하나님이 살아 계신다는 것을 믿는 것은 구원 얻는 참 믿음이 아니라 거짓된 믿음이다. 이 세상에는 신은 없다고 믿는 무신론자들이 많지만 하나님의 존재를 믿는다고 해도 그것이 모두 구원을 얻는 참된 믿음은 아니다. 왜냐하면 마귀 사탄도 하나님이 살아 계시다는 사실을 믿고 있기 때문이다. 그러면 마귀도 구원을 받았을까? 결코 아니다. 그래서 성경은 분명하게 말씀한다.

"내가 하나님은 한 분이신 줄을 믿느냐 잘하는 도다 귀신들도 믿고 떠느니라"(약 2:19)

예수님 당시에도 많은 사람들이 예수님이 어떤 분인 줄을 알아보지 못했지만 귀신들린 사람은 예수님을 알아보았다.

다음의 말씀은 의심할 나위없는 성경의 이야기들이다.

"나사렛 예수여 나는 당신이 누구인줄 아오니 하나님의 거룩한 자니이다"(막 1:23-24, 마 8:29, 막 5:1-7, 눅 4:33-36).

그러나 그들은 하나같이 고백하기를 "나와 당신이 무슨 상관이 있나이까?"라고 말했다. 예수님을 하나님의 아들이라고 믿어도 그 믿음은 예수님과는 아무런 상관이 없었던 것이다.


넷째로 지식적인 동의의 믿음은 거짓된 믿음이다.

지식적인 동의의 믿음은 구원 얻는 참된 믿음이 아니다.

그래서 「전도 폭발」의 제임스 케네디는 이렇게 말했다.

"신학자들은 믿음의 세 가지 요소를 지식, 동의, 신뢰로 정확히 지적했다. 우리는 어떤 것을 지식적으로는 알고 있으면서도 그것에 동의하지 않을 수가 있다. 예를 들면, 그리스도가 오늘날 인도에 사는 어떤 사람의 몸을 입고 이 세상에 왔다고 가르치는 사람이 있다. 저자는 이들의 가르침에 대해서 알고는 있지만 그것에 동의하지는 않는다. 또한 수많은 역사적 사실들에 대해서 지식적으로 알고 있고 또한 그것들에 동의

하면서 아직 그것들에 대하여 신뢰하지 않는 사람이 있을 수 있다. 우리는 알렉산더 대제에 대해서 알고 있고 또 그의 정복전쟁들에 관한 역사적인 기록에 대해서 동의하고 있다. 더 나아가서 우리는 그가 군사전략에 천재였다는 데에도 동의한다. 그러나 알렉산더가 자기를 위해 뭔가를 해줄 수 있을 것으로 믿는 사람은 아무도 없기를 바란다. 그것은 어리석은 일일 것이다. 지식과 동의에 루터가 말한 신뢰가 따라야 한다."

따라서 지식적인 동의는 구원 얻는 참된 믿음이 아니다.

물론 믿음은 올바른 지식에서 출발하지만 머리로 아는 것만 가지고는 절대로 구원을 받을 수 없다.

## 행함이 없는 믿음

성경은 행함이 없는 믿음은 구원을 받지 못한다고 상당히 명확하게 말씀한다.

"내 형제들아 만일 사람이 믿음이 있노라 하고 행함이 없으면 무슨 유익이 있으리요 그 믿음이 능히 자기를 구원하겠느냐, 아 허탄한 사람아 행함이 없는 믿음이 헛것인 줄을 알고자 하느냐, 영혼 없는 몸이 죽은 것 같이 행함이 없는 믿음은 죽은 것이니라"(약 2:14, 20, 26)

여기서 말하는 "사람이 믿음이 있노라 하고"라는 의미가 무엇일까? 그것은 자신은 믿음을 가지고 있다는 사람이다.

그러므로 우리 주위에 교회를 다니는 사람들 가운데 본인은 구원을 받았다고 말하며, 본인은 믿음이 있다고 말하지만 그 사람의 삶을 살펴

보면 전혀 변화가 없고, 행함이 없는 경우가 많다.

따라서 그런 사람은 참된 구원을 받은 사람이 아니다.

왜냐하면 야고보는 "그 믿음이 능히 자기를 구원하겠느냐 아아 허탄한 사람아"라고 말하고 있기 때문이다. 그러므로 행함이 없는 것은 참된 믿음이 아니다. 행함이 없으면 믿음도 없는 것이다.

그래서 존 맥아더는 그의 책 "구원이란 무엇인가"에서 찰스 라이리의 글을 인용한다(P. 226). "행함이 없고 죽은 가짜 믿음이 인간을 구원할 수 있는가? 야고보는 우리가 행함으로 구원을 얻는다고 말하지 않는다. 다만 선한 행함을 낳지 않는 믿음이 죽은 믿음이라고 말하고 있는 것이다. 열매를 맺지 못하는 믿음은 영혼을 구원할 수 없다. 그런 믿음은 참된 믿음이 아니기 때문이다."

계속해서 존 맥아더는 반스의 글을 인용한다(P. 227).

"야고보는 참된 믿음이 있다면 언제나 선한 행함이 따라온다고 주장한다. 그리고 사람을 의롭게 하고 구원할 수 있는 것은 오직 그 믿음뿐이라고 주장한다. 실질적인 삶의 거룩함으로 이끌지 못한다면 그 믿음은 조금도 가치가 없다."

계속해서 존 맥아더는 루터의 글을 인용한다(P. 355-358).

"믿음은 즉시 사람을 새롭게 하고 거듭나게 한다. 그리고 사람을 완전히 새로운 삶의 방식과 특징으로 이끌고 간다. 그래서 참된 믿음이 있는 사람은 계속해서 선한 일을 하지 않고는 견딜 수 없게 되는 것이다. 나무가 열매를 맺는 것처럼 당연히 믿음은 선한 행위를 낳는다. 나무에게 열매를 맺으라고 명령하는 것이 전혀 불필요한 일이듯이 믿는 자에게도 선한 일을 하라고 촉구할 필요가 없다. 믿는 자는 저절로, 자유롭게, 자발적으로 선한 일을 하기 때문이다. 그것은 아무 명령이 없어도 잠을 자고 먹고 마시며 옷을 입고 듣고 말하며 가고 오는 것과 같은 이치다. 이 믿음이 없는 사람은 단지 믿음과 행위에 대해 헛된 말만 할 뿐이다. 사람이 행위로 선해지는 것이 아니라 선한 행위로 거짓 믿음과 참된 믿음의 차이를 입증해야 한다. 믿음이 참이라면 언제나 그 믿음은 선을 행하기 때문이다. 만일 믿음이 선을 행하지 않으면 그 믿음은 분명 헛되고 거짓된 것이다. 행함에 대해 언급한 성경의 모든 단락은 하나님이 행함을 통해 믿음 안에서 받은 선함을 입증하며 다른 사람에게 유익을 끼치기를 원하신다는 것을 보여 준다. 그것을 통해 거짓 믿음이 드러나고 뿌리째 제거될 수 있도록 말이다. 우리가 행함이 없다면 우리는 자신의 믿음이 참인지 아닌지 알 수 없다. 행함이 따라오지 않는 곳에는 오직 공허한 생각과 꿈만 있을 뿐 믿음이 없다는 확실한 증표다. 그러나 사람들은 그것을 믿음이라고 거짓되게 부른다. 행함은 당연히 믿음이 따라오기 때문에 행함을 명령할 필요는 없다. 명령을 받지 않아도 믿음은 행함을 하게 되어 있다. 그래서 우리는 거짓 믿음과 참된 믿음을 구별할 수 있게 되는 것이다."

계속해서 존 맥아더는 칼빈의 글을 인용한다(P. 358-361).

"믿음과 행함이 얼마나 분리할 수 없을 만큼 밀접히 연결되어 있는지 알고자 한다면 그리스도를 바라보라. 완전함과 거룩함을 향한 열정이 일어나지 않는 곳에는 그리스도의 영도, 그리스도도 없다. 또한 그리스도가 계시지 않는 곳에는 의도, 믿음도 없다. 인간의 마음속에는 허영을 위한 자리가 너무 많다. 거짓을 위한 은신처가 너무 많다. 기만과 위선의 수의를 너무 단단히 입고 있다. 그래서 종종 인간의 마음은 스스로를 기만한다. 외형뿐인 믿음 안에서 영광을 누리는 자들은 사탄보다 조금도 나을 것이 없다는 것을 그들이 알아야 한다."

계속해서 존 맥아더는 스펄전의 글을 인용한다(P. 369-370).

"그리스도를 기꺼이 구주로 받아들이는 것처럼 보이지만 주님으로는 받아들이지 않으려는 사람들이 있다. 믿음을 행함으로 입증하지 않으면서 그리스도를 믿는다고 말만 하는 자들이 있다는 것은 얼마나 슬픈 일인가? 나는 진정으로 그리스도를 구주로 영접하지만 주님으로는 받아들이지 않는 것이 가능하다고 생각하지 않는다. 구속받은 영혼이 가장 먼저 보여 주는 태도는 구주의 발아래 엎드리는 것이다. 그리고 감사와 경배를 드리며 이렇게 부르짖는 것이다. '찬양 받으실 주님이시여, 당신의 보혈로 사셨으니 이제 저는 당신의 소유입니다. 오직 당신의 것입니다. 영원히 당신의 것입니다. 제가 당신을 위해 무엇을 하기를 원하십니까?' 그리스도가 우리의 왕이 아니라면 그리스도를 구주로 받아들이는 것은 불가능하다. 구원의 매우 많은 부분이 우리를 다스렸던 죄의 지배에서 구원받는 것에 있기 때문이다. 또한 우리가 사탄의 지배에서 구속받을 수 있는 유일한 길은 그리스도의 지배에 복종하는 것뿐이다. 죄를 용서 받았지만 예전처럼 살아간다면 그는 진정으로 구원받은 자가 아니다."

계속해서 존 맥아더는 아이언사이드의 글을 인용한다(P. 379).

"아마도 이렇게 묻는 사람이 있을 것이다. '내가 죄 속에 계속 살아도 여전히 구원받은 자가 될 수 있지 않습니까?' 전혀 그렇지 않다. 천만의 말씀이다. 한 사람이 복음을 믿는 순간 그는 거듭난다. 그리고 새로운 생명과 본질을 받는다. 그것은 죄를 미워하고 거룩함을 사랑하는 본질이다. 당신이 예수님께 나와 믿음을 드린 사람이라면 자신 안에서 선을 향한 새로운 갈망, 거룩함을 추구하는 갈망, 의를 향한 목마름을 발견하지 않는가? 이 모든 것이 새로운 본질을 소유했다는 증거다."

계속해서 존 맥아더는 토저의 글을 인용한다(P. 387).

"그리스도를 구주로 고백했지만 삶에서 그리스도를 주님으로 인정하며 완전한 순종을 드리도록 인도하지 않는다면 그 믿음은 결코 참된 믿음이라고 할 수 없으며 결국에는 고백한 자를 배반한다. 믿는 자는 순종한다. 순종하지 않는 것은 참된 믿음이 아니라는 분명한 증거다. 참된 회개가 있는 곳에 순종이 있다. 회개가 과거의 실패와 죄에 대한 슬픔일 뿐만 아니라 이제부터 하나님이 보여 주시는 대로 그분의 뜻을 행하기로 결단하는 것이기 때문이다."

계속해서 존 맥아더는 아서 핑크의 글을 인용한다(P. 388-389).

"구원의 믿음은 내 전 존재와 생명을 나에 대한 하나님의 주장과 권리에 완전히 내어 드리는 것으로 이루어져 있다. 그것은 그리스도의 뜻에 엎드리고 그분의 멍에를 받으며 자신의 절대적인 주님으로 그리스도를 주저 없이 받아들이는 것이다. 오, 죄인들에게 그리스도를 개인적인 '구주'로 받아들이라고 구걸하는 현대의 방식은 신약의 기준에서 얼마나 멀리 떨어져 있는 것인가? 신약에서 예수 그리스도가 소개될 때 항상 구주보다는 주인이라는 말이 먼저 나온다는 것을 알 수 있다. 순서가 바뀌는 경우는 한 번도 없다. "마리아가 가로되 내 영혼이 주를 찬양하며 내 마음이 하나님 내 구주를 기뻐하였음은, 이같이 하면 우리 주 곧 구주 예수 그리스도의 영원한 나라에 들어감을 넉넉히 너희에게 주시리라, 만일 저희가 우리 주 되신 구주 예수 그리스도를 앎으로 세상의 더러움을 피한 후에 다시 그 중에 얽매이고 지면 그 나중 형편이 처음보다 더 심하리니, 오직 우리 주 곧 구주 예수 그리스도의 은혜와 저를 아는 지식에서 자라가라 영광이 이제와 영원한 날까지 저에게 있을지어다."(눅 1:46-47, 벧후 1:11, 2:20, 3:18)"

## 참된 믿음과 거짓된 믿음의 구별

그렇다면 참된 믿음과 거짓된 믿음은 어떻게 구별할 수 있을까? 장두만 박사는 "성침논단"의 논문에서 이것을 구별하는 세 가지 방법을 소개했다(P. 23-24).

"첫째로 참된 믿음은 열매로 안다. 거짓 믿음은 열매를 맺지 못하지만 참된 믿음은 내재하시는 성령의 능력으로 열매를 맺게 된다. 예수를 믿고 구원을 받았다고 고백을 하지만 아무런 변화의 열매가 없다면 그 믿음은 참된 믿음이 아니다.

둘째로 한 사람이 예수 그리스도를 전인격적으로 믿으면 바로 그 직후부터 변화의 열매가 나타난다. 예수를 전인격적으로 믿고 구원받으면 분명한 변화의 증거가 있다는 것은 교파 관계없이 모든 학자들이 이구동성으로 주장하고 있다. 장로교의 대표적인 신학자 가운데 한명이었던 찰스 하지도 중생은 '영적 죽음에서 영적인 생명으로 옮겨가는 즉각적인 변화'라고 했고, 또 다른 장로교 신학의 대표자 중 한 사람인 위필드도 유사한 주장을 하고 있다. '중생이란 성령 하나님의 역사로 인해 영혼 속에 일어나는 근본적이고 완전한 변화이다.' 침례교 신학자인 스트롱은 다음과 같이 말하고 있다. '중생은 즉각적인 변화이다. 중생은 점진적으로 서서히 이루어지는 일이 아니다.'

셋째로 참으로 거듭난 사람이 경험하는 두 종류의 변화가 있다. 즉, 내적인 변화와 외적인 변화이다. 내적인 변화는 구원을 받으면 즉각적으로 일어나는 변화요, 외적인 변화는 즉각적인 경우도 있고 점진적으로 이루어지는 경우도 잇다. 성경은 진정으로 거듭난 신자가 내주하시는 성령의 능력으로 인해 경험하는 내적인 변화에 대해 분명하게 가르치고 있다."

밀라드 에릭슨은 그의 저서 "구원론"에서 짝퉁구원을 분별하는 법을 소개한다(P. 264-265).

"성경은 신앙을 외적으로 고백하는 모든 사람들이 참된 구원을 받은 사람으로 정당화하지 않고 있다. 예수님은 양의 가죽을 입고 왔으나 이리의 탐욕을 가진 거짓 선지자들에 대해서 경고한다(마 7:15). 그들은 그들의 말로서가 아니라 그들의 열매로서 평가되어야만 한다(마 7:16-20). 심판 날에 그러한 사람들도 주님을 '주여 주여'라고 부를 것이며 예언을 했다고 귀신을 쫓아냈다고 주님의 이름으로 능력을 행했다고 주장할 것이다(마 7:22). 그러한 모든 주장들은 아마 사실일지도 모른다. 그러나 하나님의 나라에 들어갈 이들은 이들이 아니요 오히려 아버지의 뜻을 행한 이들이다(마 7:21). 그러한 가짜 신자들에 대한 예수님의 최종 선언은 '내가 너희를 도무지 알지 못하니 불법을 행하는 자들아 내게서 떠나가라'(마 7:23)인 것이다. 씨 뿌리는 자의 비유는 겉으로 보기에 참 믿음으로 여겨지는 것이 사실은 아주 다른 것이 될 수도 있다는 또 다른 지적이다(마 13:1-9, 18-23). 지금까지의 내용을 고려해볼 때 예수님께서는 신자인 것으로 보이는 모든 사람들을 참으로 신자라고 여기시지는 않았다는 것은 분명하다. 그러므로 신앙생활을 하다가 후에 타락한 이들은 처음부터 결코 구원받지 못했다는 것이 우리의 결론이다."

## 믿음의 행함과 성화

그렇다면 믿음의 행함은 무엇으로 표현될 수 있을까?

믿음의 행함은 성화로 나타나야 한다.

구원의 3단계 칭의, 성화, 영화에서 성화란 죄의 세력으로부터의 구원이다. 구원의 시제에서 현재 구원을 이루어 나가는 과정이 성화이다. 성화는 우리의 일상생활에서 죄를 물리치고 승리함으로 거룩한 삶을 살아가는 것을 말한다. 성화는 죄로부터 분리된 삶을 살아가는 과정이다.

따라서 우리는 성화의 구원을 이루기 위해서 신앙생활을 하는 것이다. 그런데 우리가 받은 칭의는 성화와 밀접한 연관이 있다. 이미 칭의의 구원을 받은 사람은 현재의 생활 속에서 성화의 구원을 이루어 나가야 한다.

밀라드 에릭슨은 그의 저서 "구원론"에서 성화의 성격을 설명하고 있다(P. 219-222).

"성화란 믿는 자의 삶 속에서 그를 실제적으로 거룩하게 만드시는 하나님의 계속적인 역사이다. '거룩하게'가 의미하는 것은 하나님과 같은 성품을 실제로 지니게 됨을 뜻한다. 성화란 그 사람의 도덕적인 상태가 하나님 앞에서의 그의 법적 신분에 일치하는 수준까지로 끌어올려지는 과정이다. 이것은 십자가의 완전한 복음을 믿는 사람 속에 새 생명이 주어지고, 심기어지는 거듭날 때에 시작된 사역이 계속되는 과정이다. 특히 성화란 그리스도께서 이루신 구속사역을 믿는 사람의 삶에 적용하시는 성령의 사역이라고 할 수 있다. 성화라는 단어는 두 가지 기본적인 의미가 있는데 첫째는 어느 특정의 물체들이나 사람 또는 장소들의 외형적인 특성으로서의 거룩이라는 개념이다. 이것은 일반적이거나 세속적인 일들로부터 구별되고 분리되어 특별한 목적이나 사용을 위해 바쳐

진 상태를 말한다. 둘째는 도덕적인 선함과 영적으로 성숙함을 뜻한다. 이것은 완전한 복음을 믿는 사람이 단지 외적으로 분리됨만을 의미하는 것이 아니라 자신의 신분에 일치하는 삶을 살아감을 뜻한다. 그들은 순수하고 선한 삶을 살아야 하는 것이다. 우리의 신분은 거룩한 삶의 결과가 있어야만 한다. 그러므로 바울은 이렇게 말한다. "그러므로 주 안에서 갇힌 내가 너희를 권하노니 너희가 부르심을 입은 부름에 합당하게 행하여 모든 겸손과 온유로 하고 오래 참음으로 사랑 가운데서 서로 용납하고"(엡 4:1-2) 칭의란 한 순간에 완성되는 순간적인 사건인 반면에 성화란 그 완성을 위해서는 전 생애가 요구되는 하나의 과정적인 사건인 것이다. 칭의란 하나의 법정적이고 선언적인 문제이나 성화란 그 사람의 상태와 성품이 실제적으로 변화되는 것이다."

김세윤 교수는 그의 저서 "구원이란 무엇인가"에서 성화의 필요성에 대해 이렇게 썼다(P. 103-104).

"이 그리스도인의 성화가 구원의 현재입니다. 구원의 현재는 이미 과거에 구원을 받은 우리가(믿음으로 의인이 되고 새로운 피조물이 된 우리가) 현재에 의인으로서(하나님의 아들로서, 하나님의 피조물로서) 스스로를 재확인하는, 즉 이 세상의 가치를 따르지 않고 하나님 나라의 가치를 천명하고 고난을 받으며, 십자가에 죽은 '자기 주장하는 옛사람'이 실제로 죽어가는 과정입니다. 그와 동시에 부활로 새로워진 새 생명이 실제화 되어 가는 과정입니다. 그래서 그리스도의 거룩한 형상으로, 하나님의 형상으로 닮아가는 것이 구원의 현재입니다.

종말로 예수 그리스도가 다시 오실 때 이 성화의 과정 곧 십자가를 지고 옛사람이 죽어 가며 새로운 사람이 날로 새롭게 되어 가는 과정이 종결지어질 것입니다. 그때 우리가 예수님의 부활에 완전히 참예하게 되고(롬 6:6), 우리가 하나님의 아들이요 마지막 아담인 예수님의 영광된 형상으로 완전히 변화될 것입니다. 이것이 영화입니다. 이것이 구원의 미래입니다."

따라서 성화는 구원받은 사람에게 필수적이다. 진정으로 구원받은 사람은 현재의 삶에서 행함으로 자신의 구원을 증명할 수 있어야 한다. 행함이 없는 믿음은 죽은 믿음이기 때문이다.

성화는 칭의와 연결되어 있는 것이다.

존 맥아더는 그의 저서 "구원이란 무엇인가"에서 참된 칭의는 성화를 가져온다는 것을 증거하며, 도널드 그레이스 반하우스의 글을 인용한다(P. 170).

"칭의가 성화는 아니지만 칭의는 성화를 낳도록 되어 있다. 거룩함은 그리스도인의 삶의 시금석이 되어야 한다. 그리스도가 자기 백성들을 죄에서 구원하기 위해 오셨다(마 1:21). 그들은 자신의 죄에 빠져 구원받지 못할 자들이었다. 그리고 죄 속에 묻혀 생을 마감할 자들이었다. 칭의와 성화는 몸과 머리처럼 불가분의 관계다. 어느 한 쪽이 없는 다른 쪽을 가질 수는 없다. 하나님은 삶의 새로움과 분리된 불필요한 의를 주지 않으신다. 칭의는 성화와 무관하게 일어나지만 칭의가 일어난 후에는 반드시 성화가 시작된다. "모든 사람으로 더불어 화평함과 거룩함을 좇으라 이것이 없이는 아무도 주를 보지 못하리라."(히 12:14). 거룩함은 칭의가 끝나는 곳에서 시작한다. 그리고 거룩함이 시작하지 않는다면 우리에게는 칭의가 결코 시작되었다고 여길 권리가 없다."

우리는 무엇으로 거짓 믿음과 참된 믿음을 구별할 수 있는가?
그것은 참된 믿음이 가져오는 믿음의 행함이다.
행함은 믿는 자의 삶 속에 반드시 나타난다.
행함이 없는 믿음은 죽은 믿음이기 때문이다.

존 맥아더는 그의 저서 "구원이란 무엇인가"에서 죽은 믿음에 대해 이야기한다(P. 229-230).

"야고보는 이제 가장 강력한 훈계를 한다. '아아 허탄한 사람아 행함이 없는 믿음이 헛것인 줄 알고자 하느냐'(약 2:20). 야고보는 반대자를 '공허하고 결함이 있는' 뜻의 '허탄한 사람'이라고 부른다. 그런 사람은 공허하다. 살아 있는 믿음이 없기 때문이다. 믿는다는 그의 주장은 거짓이다. 그의 믿음은 가짜다. 20절에 나오는 믿음과 행함이 모두 헬라어로는 정관사가 붙어 있다. 그래서 '그 행함이 없는 그 믿음'이다. '헛것'이라는 것은 '메마르고 생산을 하지 못하는' 것을 뜻한다. 그 뜻은 구원에 대해 생산적이지 못하다는 것처럼 들린다. 죽은 정통성은 구원의 능력이 없다. 오히려 참되고 살아 있는 믿음을 방해하는 걸림돌이 될 수 있다. 그래서 야고보는 구원의 두 방식을 대조하고 있지 않다. 그는 두 종류의 믿음을 대조 시키고 있다. 구원의 믿음과 구원하지 못하는 믿음이 그것이다."

이제 믿음의 행함과 율법의 행위를 비교해보라.

야고보 사도는 믿음의 행함을 강조한다.

"이로 보건대 사람이 행함으로 의롭다 하심을 받고 믿음으로만 아니니라, 영혼 없는 몸이 죽은 것 같이 행함 없는 믿음은 죽은 것이니라."(약 2:24, 26)

이 말씀을 보면 행함으로 의롭다함을 받고 믿음으로만 아니라고 말한다. 그렇다면 사도 바울이 로마서에서 강조한 것은 무엇인가?

"무슨 법으로냐 행위로냐 아니라 오직 믿음의 법으로니라 그러므로 사람이 의롭다 하심을 얻는 것은 율법의 행위에 있지 않고 믿음으로 되는 줄 우리가 인정하노라."(롬 3:27-28)

사도 바울은 여기서 사람이 의롭게 되는 것은 행위가 아니라 믿음으로 된다고 말한다. 어떻게 보면 야고보의 주장과 바울의 주장이 서로 상치되는 것처럼 보인다. 한쪽은 행함을 강조하고 한쪽은 믿음을 강조한다. 우리는 이 말씀을 어떻게 이해해야 하는가?

하나님의 말씀이 모순적인가?

이것을 해결하는 법은 간단하다.

율법의 행위와 믿음의 행함을 구분하면 해결된다.

사도 바울이 로마서에서 강조한 율법의 행위는 율법을 지켜서 구원

받으려는 것을 말한다. 야고보가 강조한 믿음의 행함은 어떤 사람이 진정한 믿음을 소유했다면 반드시 행함이 나타나야함을 강조한 것이다.

반드시 참된 믿음이 있다면 행함이 오는 것이다.

따라서 행함이 없다면 그것은 잘못된 거짓 믿음이다.

로마서 말씀도 맞고 야고보서 말씀도 맞은 것이다.

따라서 성경을 보면, 어디에도 율법의 행함이라는 말은 나오지 않고, 반드시 율법의 행위로 기록되어 있다.

그러므로 율법의 행위로는 구원을 받을 수 없다고 바울이 썼다.

"무슨 법으로냐 행위의 법이냐 아니라 오직 믿음의 법으로니라"(롬 3:27)

사도 바울이 인정한 것은 무엇인가?

"율법의 행위에 있지 않고 믿음으로 되는 줄 우리가 인정하노라"(롬 3:28)

야고보서 2장 21-26절에 등장하는 두 인물은 진정한 믿음이 있었기 때문에 행동했던 사람들이다. 먼저 아브라함을 생각해 보라.

아브라함이 이삭을 제단에 드릴 때 보였던 행함은 자신이 이삭을 번제로 드려도 하나님이 다시 살려주실 것을 믿었기 때문에 믿음으로 이삭을 드렸던 것이다. 히브리서 기자는 이 사실을 명확하게 지적한다.

"아브라함은 시험을 받을 때에 믿음으로 이삭을 드렸으니 저는 약속을 받은 자로되 그 독생자를 드렸느니라 저에게 이미 말씀하시기를 네 자손이라 칭할 자는 이삭으로 말미암으리라 하셨으니 저가 (하나님이 능히 죽은 자 가운데서 다시 살리실 줄로 생각한지라) 비유컨대 죽은 자

가운데서 도로 받은 것이니라."(히 11:17-19).

여기 18절에서 "이미 말씀하시기를"이라는 뜻은 하나님께서 아브라함에게 이삭을 통하여 수많은 바다의 모래처럼, 하늘의 별들처럼 자손을 많게 해주신다고 약속하셨으니 이삭을 번제로 드려도 하나님은 자신이 하신 말씀을 책임지기 위해서 다시 이삭을 살리실 것을 믿었기 때문에 이삭을 드릴 수 있었던 것이다.

여기 19절에서 "아브라함이 하나님이 능히 죽은 자 가운데서 다시 살리실 줄로 생각한지라"라는 말씀은 아브라함이 하나님이 다시 살리실 것을 믿었다는 것을 보여 주는 것이다.

아브라함의 행동은 진정한 믿음을 가지고 있었기 때문에 한 믿음의 행동이었던 것이다.


이제 두 번째 인물 기생 라합을 생각해 보라.

그녀도 믿음이 있었기 때문에 한 행동이었다.

그녀는 오히려 율법의 행위로 보면 율법을 어긴 사람이다.

자기 나라 사람들이 다 죽으라고 정탐꾼을 숨겨주었고, 또 정탐꾼을 숨겨주지 않았다고 거짓말까지 했다. 그녀는 도덕적으로 옳지 않은 기생이었다. 그런데 성경은 그녀에게 행함으로 의롭다함을 받았다고 말한다. "또 이와 같이 기생 라합이 사자(정탐꾼들)를 접대하여 다른 길로 나가게 할 때에 행함으로 의롭다 하심을 받은 것이 아니냐"(약 2:25)

기생 라합은 하나님께서 이미 가나안 땅을 이스라엘 백성들에게 주셨다는 사실을 믿었기 때문에 한 행동이었다.

이것은 무엇을 말해주는가?

우리가 진정으로 구원을 받았고, 하나님을 믿는 사람이라면 반드시 행함이 있어야 함을 나타내는 것이다.

그러므로 행함이 없는 믿음은 짝퉁 구원이다.

그리고 행함은 우리의 생활에서 성화를 이루는 현재의 구원이다.

칭의의 구원을 받았다면 반드시 삶 가운데서 죄로부터 분리된 삶을 살아 성화의 구원을 이루어야 한다.

CHAPTER 8

# 인생의 주인

　우리에게 십자가의 완전한 복음이 이루어지려면 우리는 예수님을 마음 중심에 영접해야 한다. 그렇다면 예수님을 영접할 때 우리는 예수님을 어떤 분으로 영접해야 할까?

　이것은 우리가 근본적인 죄를 어떻게 이해하는지와 밀접한 관련이 있다. 우리가 죄를 인식하되 죄를 단순히 인간에게 범한 도덕적이고 윤리적인 죄로 인식했다면 예수님을 영접할 때도 그러한 죄를 해결해 주시는 구세주로 영접할 것이다.

　하지만 근본적인 죄가 마귀 사탄이 범한 죄처럼 인간이 스스로 하나님이 되고자 하는 야망을 품고 하나님께 교만을 떠는 죄를 범하였다는 사실을 알았다면, 또한 인간이 스스로 자기 삶의 주인이 되어 자기 마음대로 살아온 것이 근본적인 죄라는 것을 알았다면, 이제 예수님을 자신의 하나님으로, 자신의 왕으로, 자신의 삶의 주인으로 영접할 것이다.

그러므로 예수님을 구세주로 영접한다면 십자가의 완전한 복음은 이루어지지 않는다.

그러므로 우리는 예수 믿지 않는 사람들에게 하나님이 만드신 완전한 복음을 소개할 때부터 근본적인 죄가 무엇이며, 예수님께서 십자가에서 죽으시고 부활하심으로 하나님의 아들과 우리 삶의 주인으로, 우리를 다스리시는 왕으로 인정되셨다는 사실과 죄를 회개할 때도 인간에게 범한 도덕적이고 윤리적인 죄가 아니라 하나님께 범한 근본적인 죄를 회개해야 한다는 사실을 바로 전해주고, 예수님을 영접할 때도 예수님을 자신의 하나님으로, 자신의 왕으로, 자신의 삶의 주인으로, 자신의 죄 문제를 해결해 주시는 구세주로 영접해야 함을 알려주어야 한다.

그러므로 하나님이 만드신 완전한 복음을 들은 사람이 하나님 앞에서 자신의 근본적인 죄를 자복하고, 근본적인 죄에 대해 용서를 구하며, 예수 그리스도를 삶의 주인과 구세주로 영접하면 하나님은 그 마음속에 성령님을 보내 주시고, 그 사람이 하나님께 받아들여졌다는 사실과 그 사람의 모든 죄가 용서되었다는 사실을 확인시켜 주신다.

하지만 완전한 복음을 들은 사람이 예수 그리스도를 삶의 주인과 구세주로 신뢰하지 않는다면 그 사람은 이 세상을 떠날 때 하나님으로부터 이런 말을 듣게 될 것이다.

"저주를 받은 자들아 나를 떠나 마귀와 그 사자들을 위하여 예비된 영영한 불에 들어가라 죄의 삯은 사망이요 하나님의 은사는 그리스도 예수 주 안에 있는 영생이니라"

그렇다면 성경적인 구원이란 무엇일까?

성경적인구원이란 우리의 인생의 주인이 바꾸어지는 것이다. 성경적인 구원이란 우리의 근본적인 죄의 문제를 해결하고, 근본적인 죄에서 용서함을 받고, 예수 그리스도를 인격적으로 만나는 것이다. 인간은 자기 스스로 근본적인 죄의 문제를 해결할 수 없기 때문에 우리 예수님께서 십자가에서 죽으심으로 우리의 모든 죄의 값을 단번에 지불해 주셨기 때문이다.

우리가 그 사실을 전인격적으로 믿고 우리의 근본적인 죄를 회개하고, 예수 그리스도를 인생의 주인과 구세주로 영접할 때 우리는 구원을 받는다.

## 삶의 주인으로 영접하라

예수 그리스도를 삶의 주인으로 영접하는 것은 우리의 인생에서 가장 중요한 선택을 하는 것이다.

우리는 인생에서 여러 가지 많은 것들을 선택하며 살았었다.

친구들을 선택하고, 학업을 선택하고, 직업을 선택하고, 배우자를 선택했지만 그 어떤 선택과도 비교될 수 없는 가장 중요한 선택이 예수 그리스도를 삶의 주인으로 영접하는 것이다.

우리가 예수님을 삶의 주인으로 모셔드리는 선택이야말로 가장 중요한 결정이다. 우리는 이러한 선택과 결정을 통해서 우리의 삶의 주인이 통째로 바꾸는 엄청난 결정을 하는 것이다. 지금까지는 하나님 없이 자신이 주인이 되어 자신의 삶을 자기 마음대로 살아왔었지만 이제는 삶의 주인이 완전히 바뀌는 것이다.

그러므로 예수님을 삶의 주인으로 받아드리는 결정은 우리의 삶을 새로운 차원의 삶으로 인도해준다.

이러한 결정은 우리의 미래를 행복한 삶으로 바꾸어 준다.

우리가 이 선택을 실패한다면 인생에서 가장 큰 실패를 하는 것이다.

왜냐하면 천국과 영원한 생명을 잃어버리기 때문이다.

그러나 우리가 예수님을 나의 하나님으로, 나를 통치하시고 다스리시는 왕으로, 나의 삶의 주인으로 받아드리는 것을 성공한다면 우리는 인생에서 가장 큰 성공을 거두는 것이다.

그러므로 예수 그리스도를 삶의 주인으로 영접하는 것은 진실한 마음으로 영접할 때 이루어진다.

믿음이란 예수님을 구세주와 삶의 주인으로 영접하는 것이다.

"영접하는 자 곧 그 이름을 믿는 자들에게는 하나님의 자녀가 되는 권세를 주셨으니"(요 1:12)

이 말씀을 보면 믿음이 바로 영접이라는 사실을 보여준다.

이 말씀에서 '곧'이라는 말은 앞과 뒤가 같다는 뜻이다.

영접하는 자가 믿는 자요, 믿는 자가 영접하는 자라는 사실을 보여준다. 우리가 예수 그리스도를 구세주로 영접하는 것은 예수님만이 우리를 죄에서 구원하실 수 있는 분으로 인정하는 것이다.

그리고 예수님을 삶의 주인으로 영접하는 것은 예수님께서 우리의 모든 죄를 값없이 용서해 주신 것을 기쁜 마음으로 받아드리고, 그 동안 하나님 없이 자신이 삶의 주인이 되어 살아온 삶을 회개하고, 앞으로 예수 그리스도를 삶의 주인으로 모시고 살기 위해 예수 그리스도를 우리 마음 왕좌에 모셔 드리는 것이다.

우리가 예수 그리스도를 마음속에 영접할 때 우리의 근본적인 죄를 대속하시고 부활하여 살아계시는 예수 그리스도를 실제로 만나는 것이다. 예수님을 우리의 삶의 주인으로 모시는 것이다.

따라서 우리는 근본적인 죄로부터 돌이키는 분명한 회개를 해야 한다. 그때 진정한 변화가 일어난다.

우리가 살아 계시고 참된 인격자이신 예수 그리스도를 영접하는 것은 그분과 개별적으로 관계를 맺는 것이다.

그때 우리에게 놀라운 일이 일어난다.

예수 그리스도는 우리의 마음속에 들어오시면 그분이 주인이 되시겠다는 것을 요구하신다. 그분은 우리에게 완전한 복종을 요구하신다.

우리 삶의 전 영역에서 주인이 되시기를 바라고 계신다.

우리의 가정생활과 사회생활과 직장생활과 우리의 모든 인간관계 가운데 그분이 주인이 되기를 바라신다.

물론 이 말은 예수님께서 우리의 모든 것을 지배하시고 우리가 그분께 완전히 순종해야 구원을 받는 다는 것은 아니다.

단지 그렇게 살기 위해서 삶의 주인으로 모시는 것이다.

우리 하나님께서는 예수 그리스도를 주와 그리스도가 되게 하셨다.

"그런즉 이스라엘 온 집은 확실히 알지니 너희가 십자가에 못 박은 이 예수를 하나님이 주와 그리스도가 되게 하셨느니라 하니라"(행 2:36)

뿐만 아니라 우리가 예수 그리스도를 주로 시인해야 구원을 받을 수 있다.

"네가 만일 네 입으로 예수를 주로 시인하며 또 하나님께서 그를 죽은 자 가운데서 살리신 것을 네 마음에 믿으면 구원을 받으리라 사람이 마음으로 믿어 의에 이르고 입으로 시인하여 구원에 이르느니라"(롬 10:9-10)

그러므로 우리가 기꺼이 예수님을 삶의 주인과 인격의 주인으로 영접해야 한다. 나를 구원하시기 위해 희생하신 예수 그리스도를 삶의 주인으로 일평생 섬기기 위해 모시는 것이다.

물론 구원을 받자 그 즉시 예수님께 순종하는 삶이 온전히 이루어지는 것은 아니다.

그러나 예수 그리스도께서 주님이 되신 것은 그냥 얻어진 것이 아니었다. 과연 예수님께서는 어떤 대가를 지불하시고 그분이 주님이 되셨는지 깊이 생각해야 한다.

바울은 예수님께서 어떤 과정을 통해 주님이 되셨는지를 명확하게 소개한다.

"너희 안에 이 마음을 품으라 곧 그리스도 예수의 마음이니 그는 근본 하나님의 본체시나 하나님과 동등됨을 취할 것으로 여기지 아니하시고 오히려 자기를 비워 종의 형체를 가지사 사람들과 같이 되셨고 사람의 모양으로 나타나사 자기를 낮추시고 죽기까지 복종하셨으니 곧 십자가에 죽으심이라 이러므로 하나님이 그를 지극히 높여 모든 이름 위에 뛰어난 이름을 주사 하늘에 있는 자들과 땅에 있는 자들과 땅 아래에 있는 자들로 모든 무릎을 예수의 이름에 꿇게 하시고 모든 입으로 예수 그리스도를 주라 시인하여 하나님 아버지께 영광을 돌리게 하셨느니라"(빌 2:5-11)

이 말씀을 보면 예수님께서 과거에 어떤 분이셨고, 그분이 어떤 일을 행하셨으며, 그 결과 어떤 결과를 얻으셨는지를 명확하게 소개한다.

첫째로 우리 예수님께서는 근본이 하나님이셨다.
여기서 '그는 근본 하나님의 본체시나'로 소개된다.
그분은 하나님으로서 조금도 부족함이 없으신 분이셨다.
바울은 다른 곳에서 그분을 이렇게 소개한다.
"그는 보이지 아니하는 하나님의 형상이시요 모든 피조물보다 먼저 나신 이시니 만물이 그에게서 창조되되 하늘과 땅에서 보이는 것들과 보이지 않는 것들과 혹은 왕권들이나 주권들이나 통치자들이나 권세들이나 만물이 다 그로 말미암고 그를 위하여 창조되었고 또한 그가 만물보다 먼저 계시고 만물이 그 안에 함께 섰느니라 그는 몸인 교회의 머리시라 그가 근본이시요 죽은 자들 가운데서 먼저 나신 이시니 이는 친히 만물의 으뜸이 되려 하심이요"(골1:15-18)

둘째로 예수님께서 어떤 일을 행하셨는지를 소개한다.

예수님께서 하나님 아버지의 뜻에 복종하여 십자가에서 죽으셨다. 이 일이 가능하기 위해서 예수께서는 하나님과 동등 됨을 포기하시고, 자신을 낮추시고, 낮고 천한 인간의 몸을 입으시고, 이 세상에 내려 오셨다. 예수님께서 우리를 위해 십자가에서 죽으셨기 때문에 우리의 죄의 문제를 해결할 수 있게 되었다.

셋째로 예수님께서는 어떤 결과를 얻으셨는지를 소개한다.

한 마디로 말하면 예수님은 모든 사람의 주님이 되셨다.

예수님께서 자신을 포기하시고 십자가에 죽으셨기 때문에 하나님 아버지께서 그분을 지극히 높이셨다.

이 세상에서 가장 뛰어난 이름을 주셨는데 그 이름이 바로 '주'라는 이름이다. 결국에는 모든 사람이 그분을 '주'라 시인하여 하나님 아버지께 영광을 돌리게 하셨다.


그러므로 우리는 예수님을 삶의 주인으로 영접하는 것이다.

성경에서 예수님을 주인으로 모신 사람들은 그분을 주인으로 모신다는 의미가 무엇인지 알고 있었다. 왜냐하면 그 당시에는 노예 제도와 종의 제도가 있었고, 또한 그 시대에는 로마 제국의 황제인 가이사 외에는 주인으로 부를 수 없었기 때문이다. 가이사 외에 다른 사람을 주인으로 부르면 유대교에서 출교를 당하고 죽음까지도 당하였다.

"영접하는 자 곧 그 이름을 믿는 자들에게는 하나님의 자녀가 되는 권세를 주셨으니"(요 1:12)

이 말씀에는 세 개의 동사가 나온다.

첫째로 '믿는다'는 동사이다.

이 말을 믿어야 할 어떤 사건이 있음을 보여준다.

우리는 십자가의 완전한 복음을 믿어야 한다.

둘째로 '영접한다'는 동사이다.

이 말은 영접할 대상이 있음을 보여준다.

바로 예수 그리스도를 구세주와 삶의 주인으로 영접하는 것이다.

셋째로 '된다'는 동사이다.

이 말은 우리가 예수님을 구세주와 삶의 주인으로 영접할 때 하나님의 자녀가 되는 것이다.


참으로 인간은 예수님께 삶을 의탁할 때만 완전해지고 충만해진다. 우리 생애의 중심부에 예수님께서 계실 때만 우리는 비로소 바른 기능을 발휘할 수 있다.

따라서 우리는 예수님을 삶의 주인으로 모셔야 한다.

'주'라는 의미의 헬라어 "쿠리오스"는 신약성경에서 600회 정도 기록되어 있다. 신약성경에서 예수님을 구주와 또는 구세주로 24회 언급되었지만 주로 언급된 곳은 무려 433회나 된다.

따라서 성경에서 예수 그리스도를 구세주로 믿으면 구원을 받는다는 구절은 단 한 군데도 없다. 요한복음 20장 28절에서는 예수님의 열두 제자 중에 한 사람인 도마가 "나의 주"라고 고백했다.

그런데 성령의 역사가 없으면 예수님을 주로 고백할 수 없다.

"성령으로 아니하고는 누구든지 예수를 주시라 할 수 없느니라"(고 전 12:3)

따라서 우리가 예수님을 삶의 주인으로 인정하는 것은 그분을 우리의 전 생애, 우리의 전 소유, 우리의 전 행위, 우리의 의지할 대상, 우리 시간의 절대적 주권자이심을 고백하는 것이다.

"주여! 주여!" 하며 헛되이 염불 외우듯 하는 부름이 아니라 우리의 마음의 왕좌에 예수님을 주인으로 모시는 것이다.


### 전깃불을 켜는 스위치

우리가 예수 그리스도를 구세주와 삶의 주인으로 영접하는 것은 전 깃불을 켜는 스위치를 찾는 것과 같다.

혹시 전깃불을 켜기 위하여 스위치를 찾아 어두운 방을 더듬어 헤매 본 적이 있는가? 그때 닥치는 대로 만져 보고, 그러다가 무엇이 얼굴에 부딪칠 수도 있다. 몇 발자국 움직이다가 휴지통을 발로 차기도 하고 가 슴이 두근거리기도 한다.

그러다가 우리가 스위치를 발견하여 불을 켜면 비로소 안심할 것이 다. 모든 것이 안전해진 것이다.

마찬가지로 우리의 삶의 주인 되시는 예수 그리스도를 만나면 모든 것이 안전해진다.

## 예수 그리스도와 결혼

우리가 예수 그리스도를 구세주와 삶의 주인으로 영접하는 것은 예수 그리스도와 결혼하는 것과 같다.

남자와 여자가 결혼할 때 그들은 서로가 새로운 관계에 들어간다.

그들은 서로 새로운 책임을 갖게 된다.

이와 같이 우리가 예수 그리스도를 구세주와 삶의 주인으로 영접할 때 그분께서도 우리를 받아들이신다.

그분은 풍족한 하나님으로서 우리를 받아들이시기 때문에 그분이 모든 것을 책임져 주신다.

하지만 우리도 그분을 영접했으면 그분에게 우리의 생활을 다스리시도록 맡겨야 한다.

영접이란 예수님을 우리의 가장 중요한 곳에 받아들이는 것이다.


결혼도 서로의 상대가 지, 정, 의를 총동원하여 상대를 받아들이는 것이다.

첫째는 지의 영역에서 상대 배우자를 자세히 알아야 한다.

둘째는 정의 영역에서 상대를 사랑의 대상으로 느껴야 한다.

하지만 이 시점에서는 결혼이 아직 이루어지지 않았다.

어떤 사람들 중에는 연애를 아주 오래하다가 결혼한 사람도 있다.

이들의 경우 결혼하지 않았을 때에도 오래 사귀다 보니 상대를 잘 알고, 사랑을 느끼고, 선물도 주고받으며, 굳은 결혼약속을 하기도 한다. 그래도 이 시점은 아직 결혼한 것은 아니다.

셋째는 의지의 영역에서 의지의 결단을 통하여 결혼서약을 하고 상대를 받아들여야 한다. 신혼여행을 가서도 결혼서약을 통하여 확실하게 받아들였기 때문에 상대에게 자신의 몸을 서로가 허락하는 것이다. 이때 비로소 부부가 된 것이며 부부처럼 느껴질 것이다.

마찬가지로 예수님을 지, 정, 의를 통하여 그분을 삶의 주인으로 받아들이는 것이다.

우리의 마음 가운데는 가장 중요한 마음의 왕좌가 있다.

만일 그 왕좌에 우리 자신이 앉아 있다면, 그래서 삶의 모든 일을 우리 마음대로 한다면 우리는 그리스도인이 될 수 없다.

그러므로 구원이란 삶의 주인이 바뀌는 것이다.

영접이란 죄라는 미친 여인과 살던 사람이 예수라는 의와 사랑과 진리와 하나님 자신인 분과 결혼하는 것이다.


## 어떻게 예수님을 영접할 수 있는가?

예수님을 영접하는 것을 가장 확실하게 보여주는 말씀은 요한계시록 3장 20절이다.


"볼지어다 내가 문 밖에 서서 두드리노니 누구든지 내 음성을 듣고 문을 열면 내가 그에게로 들어가 그와 더불어 먹고 그는 나와 더불어 먹으리라"

헐만 헌트의 '문밖에 서 계시는 그리스도'라는 그림을 본적이 있는가? 그 그림은 이 말씀의 의미를 깨닫고 헐만 헌트가 그린 그림이다.

그 그림을 보면 예수님이 먼저 문을 두드리고 계신다.

"볼지어다 내가 문밖에 서서 두드리노니"

예수님께서 지금 우리의 마음 문을 두드리고 계신다.

"누구든지 내 음성을 듣고"

우리는 예수님의 음성을 들어야 한다.

우리는 이 책을 통해서 우리에게 전해진 십자가의 완전한 복음이 우리를 구원하기 위한 하나님의 완전한 복음의 말씀이라는 것을 확신해야 한다.

필자는 하나님의 완전한 복음을 여러분에게 대신 전해 준 우편배달부와 같다.

여러분은 오늘 십자가의 완전한 복음을 이 책을 통해서 들었다.

"문을 열면 내가 그에게로 들어가"

우리가 문을 열면 예수님이 우리에게 들어오시겠다고 약속하고 계신다. 이제 우리는 이 순간에 예수님을 진심으로 영접해야 한다.

우리가 예수님을 구세주와 인생의 주인으로 영접하기로 결단을 내렸다면 가장 좋은 선택을 하는 것이다.

이제 예수님을 구세주와 삶의 주인으로 마음속에 영접하기로 결단을 내렸다면 조용히 혼자만의 시간을 가질 수 있는 장소를 찾아 하나님 앞에 무릎을 꿇으라.

예수님을 영접하는 것은 예수 그리스도를 전인격적으로 믿고 받아드리는 것이다. 지성과 감성과 의지를 동원해서 예수님을 진심으로 믿는 것이다.

그러므로 진실한 마음으로 예수 그리스도를 영접하라.

"주 예수님, 저는 죄인입니다. 지금까지 제가 인생의 주인이 되어 내 마음대로 살아왔습니다. 예수님께서 이미 나의 모든 죄를 십자가 위에서 단번에 다 용서하시고, 죽으신지 사흘 만에 부활하심으로 나의 하나님이 되시고, 나를 다스리시는 왕이 되시고, 내 인생의 주인으로 인정되셨다는 사실을 믿습니다. 그러나 이 사실을 깨닫지 못하여 예수님을 믿지 못한 죄를 회개합니다. 이제 예수님을 나의 삶의 주인으로, 나를 통치하시고 다스리시는 왕으로, 나를 창조하신 하나님으로 영접하오니 지금 내 마음속으로 들어오십시오. 내 마음속에서 내 인생의 주인으로서 내 삶을 다스려 주시고 앞으로는 주님 뜻대로 살게 도와주십시오. 예수님의 이름으로 기도합니다. 아멘."

"나는 참으로 근본적인 죄가 무엇인지 깨달았습니다. 나는 내가 내 인생의 주인이 되어 내 마음대로 살아온 죄를 회개합니다. 나는 예수님께서 십자가 위에서 나의 모든 죄의 값을 이미 다 갚아 주셨으며, 죽으신 지 사흘 만에 부활하심으로 나의 하나님이 되셨으며, 나의 왕이 되셨으며, 내 인생의 주인이 되셨음을 믿습니다. 그러므로 이제 나는 내 모든 의심을 다 떨쳐 버리고 예수님께서 나를 위해 십자가와 부활을 통해 이루신 일을 믿겠습니다. 이제 예수님을 나의 구세주와 나의 삶의 주인으로 영접하고, 나의 모든 죄를 다 용서하시고, 나를 구원하시고, 내게 영생을 주시는 십자가의 완전한 복음을 믿겠습니다. 예수님의 이름으로 기도합니다. 아멘."

물론 영접기도만 하면 모든 사람이 구원을 받는 것은 아니다. 만일 십자가의 완전한 복음을 이해하지 못하고, 완전한 복음을 깨닫지 못하고, 형식적으로 영접기도만 한다면 절대로 십자가의 완전한 복음은 이루어지지 않기 때문에 구원을 받을 수 없다.

그러므로 먼저 십자가의 완전한 복음을 온전히 이해하고 깨달아야 한다. 우리는 십자가의 완전한 복음으로 구원을 받을 수 있기 때문이다.

바울은 복음을 전하는 것을 부끄러워하지 않고 누구에게나 담대하게 복음을 전하였다. 십자가의 완전한 복음은 구원을 주시는 하나님의 능력이기 때문이다.

"내가 복음을 부끄러워하지 아니하노니 이 복음은 모든 믿는 자에게 구원을 주시는 하나님의 능력이 됨이라 먼저는 유대인에게요 그리고 헬라인에게로다"(롬 1:16)

바울은 고린도 교회 성도들에게도 완전한 복음을 전하였다.

"형제들아 내가 너희에게 전한 복음을 너희에게 알게 하노니 이는 너희가 받은 것이요 또 그 가운데 선 것이라 너희가 만일 내가 전한 그 말을(복음의 말씀을) 굳게 지키고 헛되이 믿지 아니하였으면 그로 말미암아(복음으로 말미암아, 복음을 통해서) 구원을 받으리라 내가 받은 것을 먼저 너희에게 전하였노니 이는 성경대로 그리스도께서 우리 죄를 위하여 죽으시고"(고전 15:1-3)

우리는 십자가의 완전한 복음을 믿는 참된 믿음으로 구원을 받아야 한다. 장두만 박사는 「성침논단」의 논문에서 구원 얻는 참된 믿음이 무엇인지 설명했다(P. 22-23).

"참된 믿음은 우리가 구원자이신 예수 그리스도를 전인격적으로 신뢰하는 것이다. '전인격적'이라는 것은 지, 정, 의 전체를 모두 포함하는 개념이다. 어떤 사람이 예수 그리스도를 전인격적으로 믿으면 구원을 받게 되고, 그렇게 되면 그의 삶에 전인격적인 변화가 생긴다. 예수를 진심으로 믿으면 예수 믿기 전과 예수 믿은 후가 분명히 구별된다는 말이다."

만일 우리가 예수 그리스도를 지, 정, 의를 통해 전인격적으로 영접했다면, 그리고 우리의 진실한 마음과 모든 고백이 진실이었다면 우리는 예수님을 마음에 영접하였고, 예수님은 우리 안에 들어오셨다.

예수님은 분명하게 말씀하셨다.

"볼지어다 내가 문 밖에 서서 두드리노니 누구든지 내 음성을 듣고 문을 열면 내가 그에게로 들어가 그와 더불어 먹고 그는 나와 더불어 먹으리라"(계 3:20)

그분은 하나님이시다.

그분은 자신이 말씀하신 것을 반드시 지키시는 분이시다.

그러므로 우리는 느낌을 의존하지 말고, 하나님의 약속을 믿어야 한다. 성경은 우리에게 분명하게 약속하셨다.

"하나님은 사람이 아니시니 거짓말을 하지 않으시고 인생이 아니시니 후회가 없으시도다 어찌 그 말씀하신 바를 행하지 않으시며 하신 말씀을 실행하지 않으시랴"(민 23:19)